Copyright © 2022 LINGUAS CLASSICS

BESTACTIVITYBOOKS.COM

EERSTE EDITIE - Gepubliceerd in 2022

Extra grafisch materiaal van: www.freepik.com
Dank aan: Alekksall, Starline, Pch.vector, Rawpixel.com, Vectorpocket, Dgim-studio, Upklyak, Macrovector, Stockgiu, Pikisuperstar & Freepik.com Designers

Ontdek gratis online spelletjes

Hier verkrijgbaar:

BestActivityBooks.com/FREEGAMES

5 TIPS OM TE BEGINNEN!

1) HOE OP TE LOSSEN

De Puzzels zijn in een Klassiek Formaat:

- Woorden worden verborgen zonder pauzes (geen spaties, streepjes, ...)
- Oriëntatie: Voorwaarts & Achterwaarts, Boven & Beneden of in Diagonaal (kan in beide richtingen)
- Woorden kunnen elkaar overlappen of kruisen

2) ACTIEF LEREN

Naast elk woord is een spatie voorzien om de vertaling te noteren. Om actief te leren vindt u een **WOORDENBOEK** aan het einde van deze editie om uw kennis te controleren en uit te breiden. U kunt elke vertaling opzoeken en opschrijven, de woorden in de puzzel vinden en ze vervolgens aan uw woordenschat toevoegen!

3) TAG JE WOORDEN

Hebt u al geprobeerd een labelsysteem te gebruiken? U zou bijvoorbeeld de woorden die moeilijk te vinden waren kunnen markeren met een kruis, de woorden die u leuk vond met een ster, nieuwe woorden met een driehoek, zeldzame woorden met een ruit enzovoort...

4) ORGANISEER UW LEREN

Wij bieden ook een handig **NOTITIEBOEKJE** aan het eind van deze uitgave. Of u nu op vakantie, op reis of thuis bent, u kunt uw nieuwe kennis gemakkelijk ordenen zonder dat u een tweede notitieboek nodig hebt!

5) AFGESLOTEN?

Ga naar de bonussectie: **FINAAL UITDAGING** om een gratis spel te vinden dat aan het einde van deze editie wordt aangeboden!

Wil je meer leuke en leerzame activiteiten? Het is **Snel en Eenvoudig!**
Een hele collectie spelboeken slechts **één klik verwijderd!**

Vind uw volgende uitdaging bij:

BestActivityBooks.com/MijnVolgendeBoek

Klaar... Start!

Wist u dat er zo'n 7000 verschillende talen in de wereld zijn? Woorden zijn kostbaar.

We houden van talen en hebben hard gewerkt om de boeken van de hoogste kwaliteit voor u te maken. Onze ingrediënten?

Een selectie van onmisbare leerthema's, drie grote plakken plezier, dan voegen we er een lepel moeilijke woorden en een snuifje zeldzame woorden aan toe. We serveren ze met zorg en een maximum aan verrukking, zodat je de beste woordspelletjes kunt oplossen en veel plezier beleeft aan het leren!

Uw feedback is essentieel. U kunt een actieve bijdrage leveren aan het succes van dit boek door een recensie achter te laten. Vertel ons wat u het meest beviel in deze editie!

Hier is een korte link die u naar uw bestelpagina brengt:

BestBooksActivity.com/Recensies50

Bedankt voor uw hulp en veel plezier met het spel!

Linguas Classics

1 - Metingen

```
工 重 戏 篮 狩 足 松 露 陶 品 跳 织 舞 阅 摄 游
升 量 动 品 棒 摄 品 图 魔 暇 缝 狩 猎 阅 露
动 图 足 游 活 图 阅 影 动 鱼 图 品 影 法 动 艺
能 游 能 放 舞 钓 乐 鱼 篮 益 缝 益 摄 潜 猎
足 露 艺 魔 工 篮 品 脱 图 棒 画 益 远 盍 球 跳
益 画 品 织 字 足 篮 陶 法 击 技 法 米 司 阅
活 营 游 球 节 跳 益 游 戏 纫 画 狩 魔 动 球 画
拳 品 缝 品 园 针 技 狩 鱼 园 陶 拼 棒 能 猎 舞
乐 露 利 篮 影 乐 趣 钓 球 趣 棒 影 潜 纫 斤 公
克 击 园 活 法 摄 英 寸 缝 露 狩 艺 游 跳 阅 里
活 摄 瓷 松 猎 益 利 足 放 织 影 潜 拳 远 魔 绘
鱼 拼 绘 舞 狩 针 吨 足 松 趣 狩 十 游 摄 品 游
棒 工 读 球 影 露 工 工 游 针 舞 进 深 趣 营 暇
图 厘 活 画 游 戏 暇 瓷 卷 暇 读 制 度 高 潜 远
画 米 鱼 远 工 活 品 技 跳 暇 画 暇 宽 长 游 露
阅 质 量 针 利 瓷 猎 分 钟 陶 活 读 猎 能 陶 乐
```

宽度	公斤
字节	公里
厘米	长度
十进制	质量
深度	分钟
重量	盎司
高度	品脱
英寸	

2 - Opwarming van de Aarde

棒	艺	绘	舞	候	气	纫	绘	动	摄	影	织	拼	拳	人	拳	摄
猎	立	法	暇	鱼	体	政	变	化	猎	魔	图	露	猎	类	陶	猎
魔	陶	篮	缝	艺	舞	法	府	法	戏	跳	远	益	益	陶	织	北
园	鱼	画	纫	术	阅	篮	钓	活	画	绘	技	游	营	益	代	极
利	活	潜	园	乐	针	游	动	猎	技	露	陶	跳	危	织	篮	
乐	魔	拳	猎	能	陶	鱼	工	钓	魔	摄	术	机	代	潜	利	
舞	摄	狩	游	针	能	松	园	益	工	针	篮	动	钓	跳	潜	
技	乐	放	放	狩	营	摄	益	利	潜	品	戏	松	数	暇	利	
露	未	摄	足	国	际	纫	缝	针	缝	能	源	乐	图	据	远	阅
园	来	陶	技	篮	球	露	后	动	拳	鱼	图	鱼	技	瓷	绘	
艺	活	拳	能	织	拼	暇	果	绘	拳	阅	利	足	图	利	猎	
现	在	绘	动	潜	利	露	露	潜	松	魔	温	暇	拳	艺	远	
法	缝	艺	钓	暇	缝	趣	缝	魔	科	拳	度	品	趣	舞	松	
工	瓷	法	画	足	影	绘	图	趣	鱼	学	利	营	魔	品	钓	
益	足	法	法	品	活	艺	画	跳	术	球	家	放	影	发	露	
工	业	陶	技	放	技	游	能	拼	潜	篮	环	境	的	摄	展	

北极
危机
能源
气体
数据
后果
工业
国际
气候
人类

环境的
现在
发展
政府
温度
未来
变化
科学家
立法

3 - Boten

游 放 术 戏 舞 瓷 帆 狩 足 鱼 球 品 针 针 织 技
湖 艇 生 救 远 舞 船 活 击 绘 拼 引 擎 潜 益 术
舞 跳 放 图 图 戏 术 摄 拼 缝 陶 品 皮 针 工 狩
影 陶 足 戏 露 戏 缝 瓷 船 篮 读 钓 艇 潜 鱼 缝
海 洋 能 园 河 戏 园 潜 员 陶 活 狩 图 拼 击 动
摄 缝 拼 狩 趣 术 陶 趣 狩 针 远 阅 狩 画 益 营
纫 拳 织 戏 影 筏 纫 纫 暇 纫 能 针 露 足 钓 猎
拼 园 活 浮 阅 潜 针 绘 陶 足 球 影 海 绳 子 利
码 利 击 标 摄 锚 拳 益 拼 拳 绘 读 舞 拼 益 松
头 潜 品 画 纫 益 露 戏 工 露 海 趣 猎 狩 能 益
乐 游 术 瓷 猎 活 猎 利 魔 舞 球 上 动 猎 猎 图
拼 织 乐 摄 拳 活 游 波 渡 轮 潜 戏 的 篮 术 园
戏 独 木 舟 足 远 跳 浪 画 画 钓 远 戏 术 陶 戏
利 狩 摄 桅 拼 狩 棒 猎 趣 球 针 猎 品 放 缝 球
益 足 游 摄 杆 跳 法 图 瓷 露 跳 活 足 针 艺 营
猎 缝 猎 足 品 画 利 影 影 猎 法 舞 利 能 拳 艺

船员
浮标
码头
波浪
游艇
皮艇
独木舟
桅杆

引擎
海上的
海洋
救生艇
绳子
渡轮
帆船

4 - Chocolade

绘	味	绘	质	织	松	拼	暇	狩	可	可	园	松	狩	舞	游
针	道	影	园	量	图	品	远	绘	潜	针	能	园	陶	图	拳
游	魔	益	读	瓷	球	击	拳	猎	钓	乐	跳	摄	拼	篮	卡
法	椰	益	缝	猎	鱼	术	摄	品	远	阅	食	谱	最	技	路
苦	子	技	击	园	图	鱼	狩	糖	陶	阅	美	钓	喜	能	里
术	露	鱼	园	园	暇	舞	营	糖	焦	味	击	欢	读	术
营	球	益	法	阅	益	陶	图	足	瓷	果	活	戏	的	营	潜
乐	阅	潜	游	瓷	棒	针	营	拼	狩	异	法	陶	蜜	拳	狩
狩	陶	游	读	陶	击	棒	利	游	读	国	拼	趣	甜	影	法
魔	放	动	击	钓	园	能	魔	陶	缝	情	术	能	益	活	钓
露	潜	影	暇	读	园	鱼	技	游	调	瓷	陶	钓	益	游
摄	花	生	针	游	球	绘	球	远	抗	画	能	乐	魔	能	活
暇	术	鱼	绘	棒	品	舞	读	露	氧	艺	棒	钓	游	球	松
成	缝	工	钓	乐	营	纫	跳	利	化	摄	魔	针	远	读	益
分	松	术	舞	针	钓	足	猎	篮	剂	画	渴	望	香	舞	营
钓	法	法	园	猎	图	戏	潜	画	松	读	利	棒	松	气	舞

抗氧化剂	椰子
香气	质量
可可	花生
卡路里	食谱
异国情调	味道
最喜欢的	糖果
美味	渴望
成分	甜蜜的
焦糖	

5 - Gezondheid en Welzijn #2

工	缝	乐	维	猎	针	遗	松	影	画	织	球	松	影	图	品
能	猎	露	生	卫	乐	传	疾	益	压	力	品	摄	篮	读	拳
感	染	足	素	营	过	学	病	狩	织	恢	复	钓	露	舞	动
棒	球	能	源	钓	敏	营	钓	球	能	动	纫	跳	游	摄	针
跳	针	棒	绘	纫	缝	利	击	篮	拼	跳	营	图	露	猎	利
艺	远	益	图	读	阅	松	篮	松	品	工	松	猎	按	狩	猎
趣	工	魔	艺	影	暇	球	营	利	鱼	血	纫	露	摩	击	钓
露	活	绘	术	织	乐	趣	养	能	能	球	阅	暇	拼	拳	松
趣	趣	乐	画	绘	游	绘	篮	品	球	松	篮	钓	球	品	术
拼	读	法	棒	松	影	游	园	松	阅	法	缝	钓	缝	趣	拳
卡	法	艺	放	摄	身	跳	织	益	饮	食	击	暇	解	陶	狩
拳	路	图	阅	利	体	拳	拼	动	动	放	工	营	潜	剖	露
猎	健	里	重	园	纫	技	读	放	图	猎	鱼	技	猎	陶	学
艺	摄	康	量	图	跳	园	画	猎	图	鱼	园	影	露	园	摄
工	舞	放	棒	纫	针	艺	消	阅	舞	术	拼	摄	钓	读	医
猎	击	阅	术	园	远	缝	化	陶	足	能	针	画	拼	园	院

过敏	感染
解剖学	身体
卡路里	按摩
饮食	消化
能源	压力
遗传学	维生素
重量	营养
健康	医院
恢复	疾病
卫生	

6 - Tijd

魔	跳	法	魔	陶	击	松	利	暇	园	缝	缝	游	工	拼	鱼
摄	术	钓	远	园	戏	利	现	在	利	法	放	术	益	法	舞
球	游	球	织	影	狩	钓	图	术	绘	后	钓	益	舞	钓	拼
猎	棒	阅	图	足	营	技	晚	图	针	舞	舞	松	工	潜	远
瓷	远	棒	游	利	魔	术	上	缝	法	园	活	棒	潜	拼	瓷
术	陶	跳	读	工	能	品	历	读	品	艺	营	摄	织	鱼	猎
摄	瓷	阅	法	时	小	针	日	棒	绘	篮	纫	品	魔	陶	品
猎	足	跳	能	钟	活	远	足	工	画	猎	能	暇	拳	影	读
工	远	晨	球	利	绘	工	阅	球	品	针	钓	钓	远	艺	狩
画	月	早	影	放	每	年	潜	足	纫	击	钓	画	十	工	球
鱼	活	读	能	露	暇	戏	技	中	缝	暇	鱼	瓷	年	绘	年
动	拼	针	活	猎	缝	瓷	动	午	击	舞	技	鱼	读	拳	鱼
昨	球	品	瓷	足	游	未	乐	棒	阅	跳	远	利	世	技	周
读	天	篮	魔	狩	棒	来	远	舞	拳	图	狩	拳	技	松
动	今	棒	戏	纫	分	棒	摄	远	法	动	球	乐	狩	棒	技
球	艺	击	游	图	潜	钟	营	品	魔	影	园	暇	松	法	活

十年　　　　　　　分钟
世纪　　　　　　　晚上
昨天　　　　　　　现在
每年　　　　　　　早晨
日历　　　　　　　未来
时钟　　　　　　　小时
中午　　　　　　　今天

7 - Meditatie

呼	技	运	魔	摄	跳	阅	舞	足	摄	猎	绘	利	同	游	跳
拳	吸	动	艺	画	跳	绘	陶	魔	潜	瓷	拼	营	情	营	活
乐	暇	术	营	钓	针	读	潜	画	画	善	洞	察	力	陶	纫
纫	读	松	大	工	纫	阅	松	远	魔	鱼	良	观	营	活	绘
乐	跳	游	自	影	阅	明	能	法	工	阅	摄	能	阅	园	园
拳	绘	接	然	舞	狩	晰	摄	暇	猎	读	足	放	术	戏	拳
戏	读	受	暇	狩	益	术	魔	影	鱼	织	情	狩	术	读	画
拼	瓷	艺	球	益	姿	势	魔	猎	纫	缝	绪	戏	术	暇	魔
品	棒	技	魔	放	益	棒	钓	猎	舞	益	技	纫	沉	默
阅	图	陶	技	魔	术	篮	阅	影	跳	能	益	缝	绘	织	拳
跳	暇	拳	足	足	阅	利	静	拳	乐	针	技	幸	远	戏	棒
拳	感	织	摄	图	图	和	平	工	阅	针	狩	福	透	视	乐
摄	激	针	戏	醒	趣	趣	园	乐	足	松	益	活	阅	心	织
暇	针	活	游	工	舞	营	动	影	益	读	鱼	猎	音	乐	理
能	陶	术	足	钓	放	工	远	松	球	益	松	园	远	纫	织
绘	能	术	钓	潜	瓷	鱼	拼	能	摄	鱼	园	摄	潜	活	绘

接受
呼吸
运动
感激
情绪
幸福
明晰
姿势
洞察力
平静

同情
心理
音乐
大自然
观察
透视
沉默
和平
善良

8 - Muziek

跳	工	工	球	音	戏	棒	球	拼	魔	狩	游	戏	趣	术	麦
瓷	放	球	陶	乐	潜	戏	针	跳	歌	手	放	营	乐	游	克
动	放	魔	旋	剧	松	足	猎	暇	摄	法	游	乐	陶	影	风
品	趣	益	律	摄	营	益	动	拼	品	摄	术	游	游	读	舞
跳	潜	狩	营	戏	活	能	图	艺	放	动	术	纫	营	远	技
瓷	技	织	技	趣	活	影	乐	影	谐	影	仪	术	艺	乐	乐
暇	合	凑	营	拼	速	游	猎	球	波	画	器	纫	摄	园	画
织	唱	游	能	露	度	钓	影	技	松	放	益	缝	球	跳	绘
品	狩	图	益	拼	利	潜	动	魔	节	奏	唱	鱼	拳	猎	潜
拼	抒	松	篮	绘	动	棒	魔	品	读	松	古	乐	陶	跳	远
动	情	猎	棒	营	游	放	图	钓	跳	舞	典	工	工	跳	民
针	放	摄	歌	剧	陶	足	拼	拳	露	能	舞	和	利	球	谣
利	利	益	影	露	足	戏	利	诗	击	乐	乐	谐	跳	拼	绘
针	能	针	摄	阅	利	录	球	图	意	音	品	读	潜	品	辑
读	阅	露	击	绘	拼	趣	音	狩	足	戏	乐	缝	摄	专	缝
品	缝	能	松	狩	纫	瓷	利	益	球	技	魔	家	织	艺	缝

专辑
民谣
和谐
谐波
凑合
仪器
古典
合唱
抒情
旋律

麦克风
音乐剧
音乐家
歌剧
录音
诗意
节奏
速度
歌手

9 - Vogels

潜钓魔魔品远术陶蛋猎影瓷游放读狩
拳钓拳篮读织绘暇球术乐阅击绘画拼
跳篮放乐园戏巨影营露钓影摄露篮技
松工乌篮麻雀嘴杜鹃工棒读画篮鸭技
针放摄鸦趣法鸟烈火影球绘纫拳球足
活陶营趣乐棒鸵棒暇能击针潜露鸡术
摄动益拼篮影潜鹈鸥篮品绘图击法益
远营松瓷活织松鹕动术织鱼能图针击
织园猫影摄拼活术工工活戏足营篮魔
击鹳头拼足针艺缝跳远击画陶画品拳
利陶鹰篮绘拳阅鱼营狩术益织拳趣瓷
读工图陶足暇摄魔鱼戏跳游击趣动画
针图品阅篮狩纫瓷舞鱼球园暇鹦鹉活
图能绘钓鱼针猎织技针鸽技画拼游松
苍益戏益远孔戏潜松松篮子企鹅品足
远鹭摄棒瓷雀摄游动钓摄足读天读利

鸽子	鹈鹕
火烈鸟	企鹅
杜鹃	苍鹭
乌鸦	鸵鸟
麻雀	巨嘴鸟
鹦鹉	猫头鹰
孔雀	天鹅

10 - Behoud

魔 陶 钓 棒 猎 园 瓷 绘 污 足 魔 拳 猎 针 法 棒
工 织 趣 益 针 针 针 减 游 染 生 境 工 缝 纫 趣
营 钓 园 击 篮 动 针 少 魔 影 营 放 松 球 营 击
工 影 健 露 拼 针 绘 潜 魔 击 狩 游 魔 乐 营 纫
瓷 陶 康 摄 趣 有 动 园 露 法 动 足 活 动 戏 营
阅 术 法 狩 暇 机 园 拼 营 工 狩 瓷 营 读 远 摄
趣 化 法 纫 针 缝 击 拼 跳 绿 色 游 动 趣 陶 营
活 学 园 针 法 阅 针 游 魔 教 回 放 工 艺 松 艺
动 品 击 舞 绘 拳 画 阅 拳 育 收 猎 技 跳 摄 暇
周 期 陶 动 拼 游 足 能 舞 摄 露 纫 篮 摄 狩 戏
生 态 系 统 露 营 球 猎 拼 拼 趣 拳 阅 击 读 变
农 营 营 猎 工 气 乐 暇 鱼 篮 钓 足 钓 技 暇 化
药 缝 园 绘 画 候 击 艺 戏 击 摄 戏 趣 术 暇 针
法 球 技 工 志 远 图 法 游 松 技 针 益 园 拼 趣
艺 自 篮 技 鱼 愿 利 环 境 的 摄 足 工 陶 击 绘
图 松 然 暇 缝 读 者 鱼 艺 露 阅 水 动 猎 舞 球

化学品   教育
生态系统   有机
周期   农药
健康   回收
绿色   变化
生境   减少
气候   污染
环境的   志愿者
自然

11 - Universum

织	技	篮	球	园	远	缝	天	缝	影	活	暇	松	拳	阅	月
篮	利	拳	益	益	缝	园	击	空	缝	拳	球	暇	陶	陶	亮
技	瓷	乐	露	猎	戏	钓	空	球	拼	放	影	半	球	远	击
棒	鱼	活	技	营	乐	画	能	法	倾	益	动	击	黄	道	带
营	魔	露	击	潜	技	鱼	阅	纬	度	斜	拳	暇	猎	针	狩
拼	暇	露	魔	游	图	技	针	足	营	绘	篮	陶	利	针	魔
潜	画	舞	动	益	钓	读	能	篮	图	球	狩	乐	活	利	能
画	针	猎	可	艺	法	足	游	读	跳	魔	阅	针	暇	露	球
地	平	线	见	利	缝	跳	击	黑	暗	球	望	远	镜	跳	利
拳	赤	道	针	放	跳	画	摄	大	松	织	纫	轨	道	宇	足
拼	图	狩	乐	动	园	天	击	气	趣	园	织	技	球	宙	魔
游	狩	经	度	棒	松	文	魔	层	摄	益	动	暇	拼	艺	魔
拳	猎	足	松	拼	家	学	文	天	冬	至	击	读	阅	足	松
纫	拼	游	猎	暇	星	钓	远	影	阅	摄	动	篮	织	纫	拼
纫	游	棒	狩	远	系	行	跳	动	舞	工	营	球	乐	术	乐
暇	瓷	舞	艺	暇	画	舞	小	魔	瓷	陶	舞	阅	术	拳	画

小行星
天文学
天文学家
大气层
轨道
纬度
黄道带
黑暗
赤道
半球

天空
地平线
倾斜
宇宙
经度
月亮
星系
望远镜
可见
冬至

12 - Wiskunde

棒	术	动	放	击	术	图	暇	缝	直	分	卷	活	猎	技	园
针	瓷	技	球	球	术	绘	几	何	学	径	数	工	多	游	瓷
织	工	舞	摄	球	足	舞	动	松	缝	拼	指	放	边	技	球
平	行	拳	魔	拳	活	术	拳	暇	跳	戏	工	拼	形	拳	读
益	棒	能	魔	鱼	影	放	绘	乐	松	戏	松	艺	边	画	击
影	露	趣	阅	游	篮	击	猎	篮	法	鱼	园	乐	四	戏	技
陶	球	击	影	缝	工	篮	戏	益	工	陶	足	园	行	放	拼
鱼	读	方	三	角	形	狩	魔	摄	钓	织	击	拼	平	算	纫
垂	针	程	暇	篮	击	潜	园	十	进	制	瓷	游	缝	术	图
直	狩	纫	法	松	技	广	拼	松	对	称	钓	画	跳	画	趣
趣	鱼	戏	法	拳	工	场	图	摄	影	拳	园	纫	远	趣	潜
园	益	技	击	营	魔	露	园	益	跳	摄	拼	球	织	鱼	利
织	钓	纫	能	图	拼	织	狩	击	摄	跳	陶	益	魔	读	针
跳	图	针	和	缝	读	舞	魔	工	摄	篮	能	远	半	足	织
缝	角	度	周	长	工	足	法	矩	技	摄	法	缝	园	径	乐
击	织	潜	暇	远	击	术	篮	形	织	艺	织	钓	动	织	拼

十进制	平行
直径	平行四边形
三角形	矩形
指数	算术
分数	半径
几何学	对称
角度	多边形
垂直	方程
周长	广场

13 - Gezondheid en Welzijn #1

纫	篮	工	露	趣	饥	纫	园	艺	断	击	拼	医	绘	瓷	狩
钓	细	菌	钓	棒	饿	跳	术	摄	裂	松	狩	生	瓷	戏	暇
潜	球	技	游	戏	远	露	潜	远	绘	摄	跳	潜	篮	园	读
针	棒	艺	远	图	术	高	艺	舞	纫	利	针	营	艺	放	缝
骨	头	动	阅	乐	趣	度	露	放	潜	动	术	乐	乐	松	绘
松	反	技	趣	动	球	游	绘	术	园	药	暇	拳	击	缝	工
放	射	影	织	术	棒	击	技	法	魔	术	店	绘	远	术	姿
绘	放	益	动	魔	图	工	陶	园	画	松	魔	品	魔	戏	势
暇	绘	松	拼	能	篮	活	狩	绘	潜	放	趣	读	钓	园	松
暇	画	猎	潜	瓷	棒	针	针	游	拼	动	针	神	经	露	图
狩	阅	针	法	露	补	拳	瓷	棒	暇	拳	绘	狩	术	皮	露
放	露	利	能	潜	充	纫	戏	拳	缝	魔	跳	摄	瓷	肤	园
猎	品	棒	绘	远	剂	术	乐	动	跳	跳	跳	狩	趣	摄	营
益	针	治	读	活	利	图	钓	鱼	品	针	鱼	利	益	篮	篮
足	针	疗	能	病	纫	魔	园	营	活	习	露	诊	活	益	读
能	舞	拼	乐	毒	肌	肉	艺	图	术	药	惯	所	足	激	素

药店
药细菌疗
治骨头
断裂
医生
习惯
饥饿
高度
激素

姿势
皮肤
诊所
放松
反射
肌肉
补充剂
病毒
神经

14 - Camping

猎瓷露针乐利纫远利鱼工影跳湖法陶
魔法读拳阅足棒乐能跳工营松魔阅暇
读球绘工纫拳暇狩松阅影营露鱼阅游
瓷拼读舞陶活舞猎影放魔大暇森林舞
鱼暇绳远动技图放猎阅乐利自戏绘露
拳钓子地陶戏技猎工篮动猎动然露戏
乐灯暇图魔园冒险纫乐园放物钓戏猎
画笼钓狩暇园画暇游益趣露罗营潜魔
针拼陶营远织篮潜法营游棒盘猎纫松
击缝技拼技魔露织球技足绘工影趣摄
利法山帐篷纫狩击钓图棒纫针摄图园
舞益舱独木舟跳拼暇织术舞利吊床艺
潜猎跳跳鱼潜篮纫狩棒织能狩摄针纫
放瓷篮能树猎篮狩品图猎品术昆乐艺
松狩活狩木技击松动针球术乐帽虫火
月亮钓缝技狩营影钓拼阅放戏子绘松

冒险   地图
树木   独木舟
森林   罗盘
动物   灯笼
吊床   月亮
帽子   大自然
昆虫   帐篷
狩猎   绳子

15 - Algebra

球 织 游 舞 艺 足 钓 术 潜 棒 影 技 远 缝 减 鱼
狩 艺 拼 阅 零 篮 营 露 园 游 影 跳 陶 松 法 篮
简 化 能 松 技 能 园 舞 动 远 拼 园 法 针 针 游
棒 击 舞 露 影 拼 画 钓 戏 能 棒 术 品 活 影
击 游 织 拳 艺 括 号 工 松 击 活 摄 舞 露 暇 足
图 表 跳 织 乐 缝 利 园 利 艺 暇 陶 狩 影 绘 法
活 利 足 术 园 营 足 鱼 潜 暇 瓷 解 松 矩 跳 钓
动 活 针 魔 放 术 瓷 狩 游 营 放 决 阅 分 阵 跳
技 松 狩 因 摄 无 法 画 鱼 击 摄 鱼 足 数 读 利
线 性 活 素 和 篮 限 暇 工 拼 趣 瓷 跳 指 瓷 织
趣 能 术 拼 程 利 乐 艺 游 工 影 棒 法 公 暇 乐
球 摄 解 决 方 案 跳 篮 游 益 松 瓷 松 远 式 术
跳 棒 艺 利 瓷 摄 活 阅 戏 读 读 拼 球 技 远 针
潜 舞 工 法 暇 针 能 问 舞 陶 变 针 品 球 拼 阅
法 陶 法 缝 钓 读 潜 题 术 活 量 动 术 纫 跳 棒
跳 篮 游 瓷 篮 潜 缝 棒 趣 纫 数 猎 读 动 篮 园

减法 矩阵
图表 无限
指数 解决
因素 解决方案
公式 问题
分数 变量
括号 简化
数量 方程
线性

16 - Activiteiten

狩	工	远	足	戏	阅	织	绘	钓	利	图	绘	鱼	球	瓷	露
读	品	图	绘	魔	动	跳	缝	利	阅	阅	阅	陶	拳	舞	拼
露	瓷	品	篮	陶	暇	影	纫	活	术	技	球	读	戏	游	阅
品	艺	艺	远	潜	影	击	技	远	品	能	球	趣	活	艺	击
益	摄	影	魔	远	摄	绘	狩	摄	猎	远	技	魔	法	影	针
读	品	园	缝	鱼	影	钓	远	动	鱼	绘	狩	瓷	远	鱼	能
园	艺	阅	篮	鱼	戏	营	足	乐	摄	游	陶	戏	松	拳	艺
纫	工	画	松	活	艺	活	魔	瓷	动	猎	瓷	拼	利	拼	瓷
读	棒	舞	魔	跳	营	阅	趣	趣	工	活	动	露	放	鱼	纫
工	动	暇	织	游	品	钓	拼	松	狩	拳	远	读	钓	读	图
跳	放	绘	摄	术	利	钓	球	图	营	缝	摄	棒	针	鱼	暇
舞	松	艺	球	乐	击	利	放	图	击	潜	棒	跳	工	暇	棒
露	瓷	乐	趣	能	绘	能	露	远	潜	拳	陶	绘	品	足	动
球	针	击	阅	术	猎	狩	营	读	营	松	艺	利	绘	画	动
放	阅	拼	游	利	拼	图	猎	读	球	远	术	摄	舞	钓	读
绘	针	跳	戏	技	陶	缝	营	艺	术	读	缝	法	活	品	园

活动
工艺品
跳舞
摄影
游戏
钓鱼
狩猎
露营
陶瓷
艺术

阅读
魔法
缝纫
放松
乐趣
拼图
园艺
技能
远足

17 - Diplomatie

针冲狩缝潜松舞品画击拳篮瓷球跳狩
品突跳松魔艺松跳狩针远伦艺纫足工
游鱼陶针园击击正直能瓷合理瓷篮读
法织游动能棒球术游园外远作潜暇画
鱼潜远拼影利技益阅阅交能公民趣影
舞猎远陶拼摄利鱼读瓷益织游讨论球
织能拳篮陶击放读潜魔益暇魔馆大棒
陶安放社区绘跳舞游图织拳钓趣使猎
营全园法棒球跳足魔狩摄放缝放拼大
能暇利纫趣跳陶法艺潜绘钓游潜舞潜
球读游图语言人道主义正条约顾问球
益跳陶摄鱼工潜法魔议潜松府针法益
跳营工画织园法品解决方案政治绘远
图球狩戏狩拼动魔露松益戏园钓利露
陶活乐潜缝松放画动篮松艺纫猎狩游
趣松棒远松图艺技击游利松潜棒放棒

顾问
大使馆
大使
公民
冲突
外交
讨论
伦理
社区
正义

人道主义
正直
解决方案
政治
政府
决议
合作
语言
安全
条约

18 - Astronomie

乐	望	宙	宇	画	园	游	读	舞	品	暇	游	摄	戏	猎	技
击	远	小	瓷	航	鱼	缝	图	松	针	图	戏	钓	拼	织	纫
魔	镜	园	行	云	员	地	球	鱼	针	舞	画	远	拼	棒	游
游	足	读	阅	星	重	力	黄	道	带	纫	露	技	画	缝	放
技	技	远	篮	流	绘	暇	针	卫	星	松	篮	远	远	乐	纫
球	图	能	鱼	纫	狩	阅	营	艺	陶	能	潜	针	击	营	趣
乐	织	趣	术	读	击	图	击	园	球	读	工	绘	放	绘	篮
乐	绘	火	箭	纫	活	拳	纫	活	舞	营	拼	图	读	暇	春
行	篮	瓷	魔	猎	工	戏	术	图	松	营	彗	星	星	座	分
星	拳	活	术	篮	球	趣	摄	魔	猎	绘	篮	星	狩	球	品
露	图	纫	针	针	缝	露	戏	拳	辐	射	暇	猎	纫	舞	家
读	益	针	拼	鱼	能	织	术	活	陶	月	术	瓷	绘	织	学
艺	戏	跳	画	画	跳	足	足	益	暇	益	亮	钓	击	动	文
拼	露	猎	绘	瓷	益	术	陶	篮	术	拼	魔	益	园	动	天
影	篮	足	球	园	球	潜	松	球	纫	影	术	猎	活	击	文
鱼	活	术	针	跳	拳	图	远	活	瓷	影	营	足	远	棒	台

地球   天文台
小行星   行星
宇航员   火箭
天文学家   卫星
黄道带   星星
春分   星座
彗星   辐射
月亮   望远镜
流星   宇宙
星云   重力

19 - Vakantie #2

棒	影	潜	工	魔	球	跳	纫	露	魔	松	影	狩	能	图	鱼
活	法	图	乐	戏	阅	织	技	陶	猎	暇	机	场	绘	能	影
运	绘	出	猎	舞	舞	艺	远	营	酒	摄	动	摄	暇	术	
输	棒	租	工	影	营	跳	拼	营	戏	店	海	滩	鱼	益	游
露	魔	车	跳	艺	艺	远	利	狩	远	舞	魔	工	画	利	钓
法	乐	能	利	暇	陶	艺	益	纫	远	钓	读	目	球	棒	缝
外	国	园	戏	击	篮	品	趣	工	篮	鱼	游	的	影	钓	艺
趣	狩	活	露	拼	击	工	针	针	假	期	技	地	篮	品	棒
外	国	人	营	狩	纫	篮	摄	魔	织	绘	餐	厅	旅	程	棒
舞	艺	乐	钓	摄	猎	图	影	艺	棒	能	潜	松	益	远	跳
露	篮	放	远	术	针	露	放	戏	画	露	营	松	工	园	拼
陶	岛	放	摄	松	品	能	利	针	猎	放	放	技	地	图	动
护	园	棒	园	篮	织	读	绘	画	读	舞	动	放	瓷	图	术
拳	照	活	影	火	画	戏	纫	瓷	猎	活	游	暇	松	影	
绘	潜	摄	动	车	放	活	益	猎	鱼	能	趣	摄	签	证	工
魔	活	猎	读	利	读	法	魔	狩	工	帐	篷	跳	绘	钓	钓

目的地
外国人
外国
酒店
地图
露营
机场
护照
旅程

餐厅
海滩
出租车
帐篷
火车
假期
运输
签证

20 - Weersomstandigheden

能	阅	术	园	拼	术	气	球	暇	影	益	狩	棒	击	风	阅
技	风	暴	品	纫	远	候	术	活	棒	织	戏	画	冰	卷	工
暇	球	洪	水	足	球	篮	工	干	戏	摄	钓	陶	画	龙	潜
暇	暇	瓷	猎	球	绘	足	趣	旱	拼	陶	纫	雷	拼	潜	雾
狩	足	远	趣	极	地	温	动	狩	利	戏	品	声	品	拳	画
摄	拼	戏	营	戏	放	度	影	游	品	园	能	放	影	击	篮
篮	篮	织	利	飓	瓷	拼	球	绘	松	击	拳	舞	读	艺	阅
园	园	品	热	风	技	远	术	营	摄	狩	足	跳	利	技	露
魔	画	动	季	带	营	针	暇	狩	阅	松	能	球	图	瓷	法
湿	大	气	风	瓷	足	法	棒	工	针	潜	绘	摄	缝	乐	露
术	远	陶	云	露	球	鱼	营	魔	闪	电	游	猎	球	艺	游
趣	足	影	法	远	球	趣	放	法	彩	暇	动	纫	园	游	狩
营	拳	潜	鱼	益	猎	乐	动	乐	虹	阅	拳	趣	天	影	影
游	阅	针	猎	影	织	瓷	猎	动	游	术	潜	园	空	远	能
营	鱼	摄	潜	图	益	园	猎	拼	阅	棒	动	园	潜	纫	狩
游	动	工	鱼	松	摄	利	阅	缝	鱼	拼	篮	阅	狩	益	陶

大气
闪电
雷声
干旱
天空
气候
季风
飓风

洪水
极地
彩虹
风暴
温度
龙卷风
热带

21 - Eten #2

乐	画	动	舞	茄	狩	放	艺	足	跳	鱼	球	游	芦	笋	乐
术	篮	鸡	小	子	棒	利	狩	狩	远	缝	棒	画	松	营	球
杏	仁	画	麦	暇	能	篮	狩	活	阅	猎	益	狩	远	拼	乐
摄	园	击	放	读	足	潜	魔	魔	技	品	法	戏	缝	拳	法
放	活	酸	鱼	番	艺	针	跳	趣	葡	魔	游	棒	球	画	钓
益	画	奶	画	茄	放	放	松	动	萄	技	工	技	利	营	利
营	趣	图	猎	营	钓	苹	果	放	术	拼	奶	足	营	法	品
利	趣	织	织	技	针	益	戏	营	鱼	摄	酪	缝	绘	活	篮
阅	影	品	技	营	面	包	露	瓷	潜	纫	棒	技	西	拼	纫
狩	放	舞	魔	舞	摄	狩	狩	足	拼	潜	拳	趣	兰	菠	香
瓷	潜	利	陶	摄	法	舞	技	艺	营	跳	钓	针	花	萝	蕉
瓷	戏	趣	趣	画	狝	活	缝	影	球	园	露	陶	摄	击	米
趣	绘	足	拳	品	术	猴	益	篮	工	摄	读	园	戏	针	潜
钓	图	动	游	松	织	陶	桃	读	阅	陶	击	品	露	火	蛋
舞	拼	足	潜	活	鱼	画	画	游	缝	瓷	活	足	动	腿	品
艺	露	球	鱼	读	远	影	图	乐	活	纫	纫	暇	绘	技	趣

杏仁	葡萄
菠萝	火腿
苹果	奶酪
芦笋	狝猴桃
茄子	小麦
香蕉	番茄
西兰花	酸奶
面包	

22 - Geologie

矿	物	艺	篮	动	摄	园	趣	能	远	动	侵	法	松	画	工
放	园	钙	趣	工	纫	球	跳	游	艺	熔	蚀	击	高	艺	跳
鱼	品	图	跳	利	图	动	针	动	园	艺	岩	术	原	拳	拳
艺	读	品	狩	画	露	足	瓷	石	英	缝	阅	动	魔	乐	放
舞	瓷	活	拳	术	利	营	织	艺	艺	影	能	层	放	工	陶
益	艺	松	跳	能	松	织	陶	洞	松	猎	瓷	钟	乳	石	能
艺	猎	击	品	球	露	游	钓	穴	篮	酸	园	石	水	晶	舞
活	盐	绘	棒	拼	画	动	放	读	园	钓	活	头	狩	画	鱼
远	缝	潜	放	活	钓	绘	松	画	火	山	球	区	陶	地	跳
潜	阅	纫	织	棒	品	瓷	拳	松	趣	击	陶	球	露	震	动
拼	间	歇	泉	珊	瑚	纫	影	艺	活	利	球	摄	游	戏	织
球	陶	趣	钓	潜	击	画	狩	露	动	球	技	远	技	鱼	影
织	拼	纫	棒	能	拳	跳	术	击	拳	松	营	缝	营	工	绘
跳	利	鱼	动	戏	法	拼	潜	魔	法	活	潜	松	击	游	园
松	大	缝	益	球	针	利	乐	拳	球	松	游	动	化	舞	魔
摄	陆	击	棒	狩	趣	篮	摄	钓	园	拳	活	技	石	狩	远

地震   石英
大陆   熔岩
侵蚀   矿物
化石   高原
间歇泉   钟乳石
洞穴   石头
珊瑚   火山
水晶

23 - Specerijen

跳营肉魔猎趣乐工咖喱辣影法拼潜陶
舞篮桂品利缝狩狩击陶远椒针盐图藏
味利纫读戏远甜趣草丁球露粉茴艺红
道阅篮舞读拼蜜肉菜香营跳球针香花
益活苦纫营技的豆击品拳读趣织陶魔
能影纫洋击能棒蔻芦巴能戏术放篮
拳魔活葱击拼瓷园跳营乐棒针术足击
松瓷狩篮鱼画营跳营摄球阅舞戏露品
画鱼棒瓷远拳舞戏影足戏活术拳艺拳
乐术工读球拳暇狩术园拳狩放利陶棒
动织远舞胡椒潜钓趣纫球营园球游露
远瓷针击营远品园鱼影放魔钓动活能
绘姜舞鱼利潜利影篮拳豆蔻猎钓远孜
技能乐摄陶技潜技球大蒜松远松读然
阅舞读织织潜影缝营法瓷趣术露球暇
魔活图陶技织利潜艺益利露跳篮松术

胡芦巴   辣椒粉
肉桂   胡椒
豆蔻   藏红花
咖喱   味道
大蒜   洋葱
孜然   香草
香菜   茴香
丁香   甜蜜的
肉豆蔻

24 - Groenten

```
跳 利 棒 放 狩 胡 针 陶 动 动 能 暇 豌 篮 陶 跳
暇 瓷 园 能 芜 萝 舞 跳 绘 工 西 园 豆 术 瓷 鱼
术 影 钓 猎 菁 卜 活 潜 法 影 兰 针 拳 益 拼 绘
园 法 纫 萝 利 摄 技 技 猎 放 花 猎 舞 露 阅 露
缝 法 露 瓷 卜 活 乐 番 工 画 织 纫 趣 技 大 蒜
魔 芹 利 织 放 绘 子 茄 拼 趣 戏 棒 拼 读 读 阅
动 菜 游 能 工 钓 动 橄 足 戏 篮 读 洋 葱 陶 猎
技 香 利 露 益 读 露 榄 潜 放 放 远 益 篮 潜 能
法 利 益 艺 工 缝 远 猎 潜 足 游 针 鱼 缝 园 绘
画 图 猎 狩 阅 鱼 摄 术 艺 乐 读 潜 击 阅 能 篮
工 狩 暇 篮 术 缝 摄 戏 露 针 益 阅 葱 品 游 缝
舞 针 舞 松 读 法 乐 艺 游 纫 画 潜 魔 露 足 益
朝 戏 暇 远 远 姜 棒 菠 南 瓜 戏 狩 拼 黄 松 瓷
瓷 鲜 园 蘑 鱼 技 棒 菜 图 沙 拉 术 能 法 瓜 法
松 篮 蓟 菇 工 猎 暇 钓 舞 瓷 园 缝 陶 钓 阅 动
工 舞 技 拳 棒 球 营 法 潜 乐 益 园 棒 针 篮 术
```

朝鲜蓟
茄子
西兰花
豌豆
大蒜
黄瓜
橄榄
蘑菇
香菜

南瓜
芜菁
萝卜
沙拉
芹菜
菠菜
番茄
洋葱
胡萝卜

25 - Archeologie

画 松 露 绘 拼 跳 潜 针 松 舞 化 石 针 园 篮 术
园 缝 未 评 估 园 动 狩 法 术 画 画 利 时 代 摄
骨 头 知 游 活 品 织 术 法 活 击 益 猎 图 陶 狩
影 品 图 戏 工 露 跳 戏 寺 工 钓 棒 露 瓷 远 暇
分 析 遗 迹 法 跳 活 舞 庙 拳 利 品 技 击 棒 棒
图 益 远 文 暇 织 乐 神 图 益 跳 能 画 发 现 现
益 魔 舞 明 园 工 松 秘 戏 松 舞 法 针 图 猎 猎
暇 针 利 舞 活 墓 术 园 钓 狩 放 拳 趣 松 鱼 足
品 棒 园 拼 品 摄 图 益 趣 游 法 绘 工 织 球 织
专 棒 纫 营 艺 鱼 魔 钓 潜 古 碎 游 跳 工 织 动
家 足 暇 活 动 营 摄 园 舞 代 片 魔 纫 缝 拼 工
放 篮 影 远 松 瓷 棒 技 营 阅 瓷 瓷 趣 拼 工 园
图 球 猎 画 击 对 园 缝 猎 技 法 品 图 瓷 园 趣
游 狩 钓 团 队 放 象 园 松 魔 陶 钓 乐 戏 戏 工
园 球 后 教 授 击 拳 趣 技 阅 瓷 舞 露 针 工 员
钓 纫 裔 戏 画 读 艺 拳 魔 益 放 棒 棒 研 究 员

分析
文明
发现
骨头
专家
评估
化石
碎片
神秘
后裔

对象
未知
研究员
古代
教授
遗迹
团队
寺庙
时代

26 - Ziekte

艺	益	绘	松	暇	缝	益	绘	魔	露	舞	篮	绘	工	影	瓷
工	鱼	织	篮	鱼	击	工	潜	读	园	跳	远	猎	艺	棒	画
缝	纫	园	针	活	阅	跳	陶	品	阅	钓	画	能	能	纫	暇
远	击	艺	球	趣	篮	游	戏	绘	露	猎	摄	陶	艺	绘	狩
艺	趣	艺	放	健	技	品	瓷	利	露	松	法	放	绘	艺	艺
免	疫	术	魔	阅	康	活	利	潜	潜	球	能	法	工	艺	炎
针	拼	活	暇	营	绘	术	过	益	舞	阅	营	拼	艺	状	症
术	放	能	游	神	经	病	敏	品	窦	放	针	读	利	品	拼
棒	陶	读	狩	艺	读	戏	钓	阅	活	拼	读	露	棒	心	图
击	棒	工	治	拳	品	针	动	术	绘	鱼	腹	艺	乐	图	松
拼	利	动	疗	魔	远	影	潜	技	暇	细	部	戏	织	利	能
击	工	舞	活	缝	猎	传	织	松	骨	菌	绘	影	织	潜	钓
能	舞	呼	跳	瓷	活	遗	染	陶	头	影	针	动	影	乐	钓
阅	弱	游	吸	阅	艺	猎	能	性	慢	织	松	影	营	读	足
鱼	病	原	体	的	足	鱼	钓	急	活	瓷	缝	画	魔	瓷	放
松	乐	猎	身	游	狩	纫	猎	拳	法	画	缝	陶	瓷	放	乐

急性	健康
呼吸的	免疫
过敏	身体
细菌	神经病
传染性	炎症
骨头	症状
腹部	治疗
慢性	病原体
遗传	

27 - Mythologie

活	棒	跳	暇	营	嫉	技	雷	阅	画	钓	品	瓷	影	艺	利
战	士	鱼	织	画	妒	陶	足	猎	潜	针	乐	能	棒	纫	鱼
跳	品	戏	动	松	艺	击	法	魔	暇	露	营	暇	影	织	陶
画	不	朽	迷	瓷	摄	猎	利	棒	潜	益	放	怪	放	益	瓷
画	鱼	足	摄	宫	游	画	法	利	女	拳	艺	物	创	远	织
跳	术	读	击	法	动	术	缝	法	狩	主	露	读	造	击	舞
术	戏	传	跳	能	游	活	阅	术	击	角	工	针	纫	球
陶	露	说	艺	益	松	针	利	法	品	生	活	球	读	棒	趣
画	跳	跳	乐	文	化	乐	闪	露	阅	物	英	钓	钓	陶	棒
远	放	园	棒	织	能	营	电	钓	拳	阅	雄	暇	钓	乐	击
魔	缝	足	工	跳	拳	法	工	营	戏	松	露	魔	技	放	舞
能	技	露	法	针	图	陶	乐	图	艺	能	魔	篮	拳	陶	击
画	原	型	力	量	复	拼	瓷	游	足	陶	凡	人	露	工	足
跳	图	动	瓷	利	仇	远	钓	织	灾	读	能	趣	品	陶	魔
纫	图	阅	益	动	瓷	动	舞	工	难	行	为	舞	纫	暇	能
读	暇	能	天	堂	松	松	球	品	游	活	营	魔	游	技	影

原型	力量
闪电	战士
创造	传说
文化	怪物
迷宫	不朽
行为	灾难
英雄	凡人
女主角	生物
天堂	复仇
嫉妒	

28 - Eten #1

摂足园跳游法工织松魔缝魔拳法趣法
潜利活击戏缝活潜图松法纫画读瓷针
跳图瓷梨益狩法活戏潜技舞潜艺暇利
利拼读露拳活织狩缝足远暇暇活园球果
沙动利远远鱼益钓品织利读潜针肉汁
拉摄动花罗勒技舞足瓷艺技图品桂画
针阅蒜大生园园陶动动魔戏图球品织
盐技糖麦品艺潜针画摄绘戏胡萝卜影
篮汤跳园魔肉游艺棒艺陶足鱼草术针
拳瓷牛艺艺洋葱益棒益园法益莓菠菜
活露奶跳工图鱼瓷乐品鱼猎瓷松法能
松足利法技纫远拳绘舞棒园益艺趣狩
艺猎放术暇舞击松针技鱼乐阅柠檬钓
绘潜狩影拼法动缝阅乐瓷金露暇击营潜
猎技拳击远陶活足球动绘枪猎乐图工
画阅鱼跳杏拼棒篮纫暇瓷鱼纫狩图工

草莓	花生
罗勒	沙拉
柠檬	果汁
大麦	菠菜
肉桂	金枪鱼
大蒜	洋葱
牛奶	胡萝卜

29 - Avontuur

能 趣 画 拼 松 魔 击 术 读 喜 游 趣 影 图 利 拼
潜 击 阅 潜 球 阅 品 动 织 悦 园 球 艺 法 益 阅
挑 战 阅 技 戏 新 朋 潜 术 机 会 潜 暇 篮 暇 远
潜 乐 戏 趣 读 的 友 球 针 品 足 异 拼 品 戏 足
术 远 鱼 美 绘 拼 乐 陶 足 术 狩 针 常 益 活 绘
纫 远 图 法 图 暇 露 舞 活 戏 利 法 戏 绘 术 放
缝 术 游 益 能 魔 露 针 热 足 利 戏 画 乐 影 跳
勇 敢 术 乐 品 陶 瓷 织 情 跳 潜 图 鱼 趣 旅 行
远 击 工 艺 远 法 导 航 暇 技 摄 摄 品 大 摄 阅
困 园 游 鱼 远 远 陶 织 摄 猎 陶 绘 棒 自 工 针
难 放 游 拳 目 的 地 活 动 棒 摄 品 跳 然 行 品
陶 远 露 活 术 陶 暇 动 影 陶 绘 织 缝 能 程 钓
魔 趣 摄 松 露 篮 术 画 安 准 游 舞 营 读 能 乐
阅 摄 利 魔 工 跳 球 戏 远 全 备 钓 猎 陶 狩 暇
能 技 拼 拼 球 露 针 钓 潜 猎 工 钓 钓 放 松 纫
缝 足 趣 猎 棒 瓷 乐 拳 趣 危 险 趣 园 舞 园 狩

活动
目的地
热情
远足
危险
机会
勇敢
困难
大自然
导航

新的
异常
行程
旅行
挑战
安全
准备
喜悦
朋友

30 - Restaurant #2

影营游跳术舞利舞读美味游足击盐技
缝汤猎图能露阅游狩香料艺魔拳松画
跳乐击动拳足营陶织摄暇狩能艺阅暇
跳暇午暇暇球潜品拳球法舞放面工织
沙拉餐画远益戏动松鱼阅园潜球条水
放园缝舞暇跳画绘棒拳活针戏拼跳织
动工益工远拳活动艺拳绘瓷拳钓暇跳
魔画艺图猎放利远趣跳鱼魔画棒艺影
技园钓摄棒能摄勺缝园放露绘乐针影
趣鱼织纫篮阅法冰子叉魔营戏阅陶暇
工阅蔬水果暇织游糕蛋缝拳游乐活球
戏拼潜菜足猎乐图术阅舞画影露放拳
针陶远钓拳术纫服足饮料晚餐针营纫
游缝放图品击椅务乐画法游阅品瓷针
摄技猎戏画瓷子员针读园足能拳利露
动暇园绘游画足球瓷活动摄击暇钓图

蛋糕	午餐
晚餐	面条
饮料	服务员
水果	沙拉
蔬菜	香料
美味	椅子
勺子	叉子

31 - De Media

露	足	营	艺	活	狩	营	事	织	棒	益	摄	动	术	跳	术
活	球	拳	绘	活	动	纫	实	戏	活	游	态	放	拳	电	营
击	陶	能	放	动	动	织	棒	陶	园	篮	度	广	告	视	拳
法	乐	球	阅	篮	钓	术	画	画	园	本	舞	松	资	金	益
法	潜	钓	营	露	棒	游	益	活	暇	地	缝	摄	技	活	技
阅	击	篮	摄	活	影	缝	照	利	球	画	陶	露	棒	猎	暇
拼	术	营	远	魔	露	鱼	片	技	版	益	露	拼	魔	法	工
数	字	瓷	工	陶	钓	动	能	报	纸	影	猎	影	松	纫	读
画	远	收	暇	击	能	猎	露	魔	技	篮	魔	暇	松	能	织
知	工	音	棒	品	远	陶	鱼	游	缝	魔	潜	教	纫	法	法
棒	识	机	戏	鱼	园	露	游	球	针	足	露	沟	育	摄	戏
织	动	分	园	跳	乐	摄	意	读	鱼	猎	通	上	织	影	暇
针	个	益	子	阅	乐	见	露	击	动	法	魔	网	能	影	法
图	人	跳	击	读	园	绘	缝	摄	露	乐	舞	络	击	狩	杂
影	技	利	工	陶	影	工	技	露	乐	棒	纫	游	品	狩	志
园	营	绘	放	业	拳	利	松	暇	益	影	潜	拳	技	图	趣

广告
沟通
数字
事实
资金
照片
态度
个人
工业
知识分子

报纸
本地
本意
网络
教育
网上
收音机
电视
杂志

32 - Bijen

趣	拳	游	篮	钓	织	术	摄	击	篮	针	舞	多	样	性	棒
绘	球	水	翅	膀	花	园	群	棒	术	击	篮	摄	足	针	营
图	猎	暇	果	昆	活	陶	松	统	系	态	生	缝	工	拳	营
有	益	的	游	虫	狩	魔	益	工	松	舞	画	境	游	击	足
瓷	纫	营	艺	摄	陶	术	绘	舞	魔	艺	跳	术	画	法	读
针	松	技	跳	缝	魔	花	艺	花	粉	影	品	利	针	读	舞
阅	动	营	暇	读	摄	篮	益	能	魔	图	球	画	读	绘	工
跳	乐	烟	能	传	食	摄	动	松	纫	针	缝	绘	摄	远	针
潜	跳	乐	艺	粉	物	远	暇	暇	蜂	蜜	营	阅	开	花	艺
潜	影	园	影	者	鱼	工	游	舞	松	影	暇	潜	松	摄	太
工	跳	拳	钓	乐	图	跳	潜	摄	女	击	术	远	露	松	阳
钓	鱼	露	露	暇	织	能	蜂	巢	王	潜	读	艺	绘	园	魔
远	纫	读	拳	潜	利	露	动	艺	绘	游	针	活	击	活	活
远	读	篮	陶	魔	击	魔	绘	针	魔	园	读	艺	织	缝	拼
园	品	能	品	术	动	术	篮	活	放	营	阅	缝	摄	织	魔
能	蜡	击	猎	利	影	舞	活	足	戏	跳	暇	暇	陶	园	术

传粉者	昆虫
蜂巢	女王
开花	花粉
多样性	花园
生态系统	翅膀
水果	食物
生境	有益的
蜂蜜	太阳

33 - Wandelen

钓	潜	放	地	法	危	远	瓷	潜	足	法	艺	暇	靴	针	峰
戏	绘	利	图	拳	害	舞	针	读	工	松	益	露	子	蚊	会
陶	陶	瓷	鱼	动	猎	棒	潜	绘	纫	戏	读	重	狩	戏	艺
猎	工	足	拼	阅	跳	法	陶	术	潜	活	陶	绘	动	动	动
乐	太	缝	拳	拼	针	钓	术	击	击	趣	艺	拳	趣	潜	纫
露	趣	阳	露	大	营	影	缝	陶	能	绘	潜	鱼	艺	艺	动
狩	缝	针	魔	自	缝	趣	拳	利	水	乐	阅	艺	游	山	狩
阅	营	露	画	然	针	术	戏	拳	狩	露	准	织	益	钓	绘
气	陶	陶	瓷	针	潜	阅	拳	能	图	备	益	术	足	术	
候	乐	活	远	球	远	利	猎	趣	纫	击	绘	猎	术	营	活
放	击	陶	画	瓷	术	远	法	露	游	品	悬	绘	益	工	舞
足	艺	摄	魔	利	远	足	阅	画	营	陶	崖	纫	艺	益	游
工	球	方	向	影	能	术	画	瓷	阅	足	园	鱼	活	园	暇
营	读	缝	潜	鱼	益	荒	织	技	拳	术	针	放	拼	公	动
利	潜	放	拳	益	露	野	利	足	动	画	阅	绘	绘	园	陶
乐	纫	石	头	戏	游	累	利	动	能	物	乐	技	园	纫	球

动物　　　　大自然
危害　　　　方向
地图　　　　公园
露营　　　　石头
悬崖　　　　峰会
气候　　　　准备
靴子　　　　荒野
蚊子　　　　太阳

34 - Biologie

球	游	活	放	读	拳	阅	球	鱼	园	能	钓	品	蛋	胶	篮
益	游	猎	棒	篮	动	狩	染	色	体	神	品	足	白	原	图
活	进	利	艺	动	纫	纫	远	缝	绘	画	经	缝	质	技	足
陶	活	化	拼	缝	纫	阅	触	突	变	远	跳	拼	利	织	利
读	乐	狩	猎	钓	哺	技	放	篮	园	放	园	缝	拼	陶	针
击	营	拼	影	艺	乳	影	球	园	棒	游	鱼	绘	针	活	魔
远	潜	图	解	乐	动	陶	跳	拳	利	远	读	动	棒	露	远
图	胚	胎	剖	术	物	瓷	阅	游	狩	工	潜	纫	园	纫	纫
远	暇	瓷	学	击	游	戏	球	纫	利	远	瓷	露	渗	透	活
鱼	活	拼	光	合	作	用	远	神	棒	瓷	阅	术	击	舞	猎
艺	能	跳	趣	狩	呼	远	跳	狩	经	技	游	能	织	戏	狩
针	放	潜	钓	球	吸	细	胞	狩	松	元	营	阅	活	足	织
拼	球	舞	瓷	拳	足	戏	阅	技	益	瓷	鱼	益	共	营	工
爬	行	动	物	读	舞	放	利	绘	狩	击	益	狩	生	阅	乐
酶	露	技	乐	陶	工	品	园	球	拼	游	艺	读	远	魔	品
激	素	画	法	活	乐	放	缝	能	钓	动	能	拳	影	自	然

呼吸	突变
解剖学	自然
细胞	神经元
染色体	渗透
胶原	爬行动物
蛋白质	共生
胚胎	突触
进化	神经
光合作用	哺乳动物
激素	

35 - Landen #1

钓 鱼 益 针 摄 针 益 球 拳 艺 跳 猎 钓 工 益 画
织 足 猎 摄 足 摩 暇 工 加 暇 狩 织 针 趣 图 摄
拳 拳 远 远 技 跳 洛 艺 拿 狩 游 巴 图 绘 乐 松
缝 织 技 画 比 利 时 哥 大 阅 德 拳 拿 阅 波 影
拼 针 趣 篮 读 工 拳 营 工 柬 国 活 松 马 兰 钓
以 色 列 狩 舞 鱼 营 球 园 埔 益 瓷 营 阅 露
克 阅 读 远 活 埃 法 尼 棒 寨 读 阅 潜 击 戏 暇
拉 脱 维 亚 拼 及 尔 加 内 塞 利 陶 露 跳 挪 威
伊 戏 工 尼 图 松 利 拉 利 摄 钓 放 拼 利 阅 游
魔 摄 放 马 影 利 舞 瓜 活 纫 拳 法 钓 游 营 钓
智 猎 篮 罗 放 比 利 暇 舞 跳 钓 技 拳 动 游 戏
利 园 读 缝 松 亚 钓 园 潜 阅 织 阅 放 牙 露 跳
大 陶 鱼 钓 放 球 利 图 跳 活 拼 织 巴 班 足 品
意 舞 魔 露 图 乐 读 远 球 阅 营 品 松 西 活 拳
营 魔 篮 舞 活 足 园 工 篮 潜 营 露 影 摄 瓷 园
营 园 益 露 瓷 暇 拼 缝 营 活 阅 游 狩 品 营 潜

比利时	拉脱维亚
巴西	利比亚
柬埔寨	摩洛哥
加拿大	尼加拉瓜
智利	挪威
德国	巴拿马
埃及	波兰
伊拉克	罗马尼亚
以色列	塞内加尔
意大利	西班牙

36 - Installaties

陶	篮	画	潜	针	营	击	针	狩	放	品	术	缝	乐	利	画
松	利	活	乐	品	露	画	动	益	暇	钓	活	松	戏	棒	钓
品	钓	艺	魔	戏	图	艺	缝	陶	棒	棒	动	利	阅	益	拳
足	舞	草	法	动	草	摄	远	营	动	狩	绘	绘	击	能	拳
图	陶	术	篮	图	绘	本	被	浆	果	织	棒	戏	陶	鱼	舞
绘	戏	品	绘	影	阅	露	植	常	春	藤	戏	拼	绘	放	术
乐	能	品	瓷	艺	读	工	跳	物	篮	工	舞	纫	艺	暇	动
棒	织	针	篮	针	松	狩	松	缝	森	林	术	技	拳	技	球
绘	游	艺	远	活	戏	能	狩	足	放	绘	拳	营	戏	利	营
足	猎	瓷	图	品	纫	舞	植	物	学	影	园	陶	游	营	狩
鱼	园	松	戏	灌	游	狩	能	植	营	织	艺	跳	品	魔	工
阅	仙	人	掌	苔	木	树	叶	狩	暇	竹	图	陶	狩	阅	魔
益	技	艺	放	薜	放	营	法	动	球	树	子	豆	动	园	缝
潜	瓷	益	缝	肥	趣	纫	球	绘	活	棒	鱼	篮	魔	花	趣
图	魔	鱼	纫	料	利	品	图	拼	读	棒	拳	艺	法	乐	缝
法	益	叶	钓	品	猎	魔	动	游	根	摄	能	棒	跳	纫	图

竹子	草本植物
浆果	肥料
森林	苔薜
仙人掌	植物学
植物	灌木
树叶	花园
常春藤	植被

37 - Agronomie

拳活种棒活纫利园益有品艺品蔬菜系
足松子松露游瓷乐舞篮机松动纫营统
织活肥图图疾病品拼狩画针跳游艺利
农业料球动技松趣击环动潜画棒缝益
艺技水击工跳乐球跳境乡技绘纫读乐
游暇缝影棒摄魔棒能舞村摄狩污艺工
营松陶产土壤棒瓷棒游的动能染猎益
鱼绘足击生摄狩能钓瓷艺动狩暇猎图
园戏法戏态猎源松动暇能利读趣图
技足鱼趣学猎食品乐动艺篮鱼技狩游
活放摄法科阅舞物纫影读读钓活拼舞
营魔绘术阅法戏植缝工技能舞露游工
影动缝活暇动放游棒动针棒舞影魔利
猎暇利击趣狩猎瓷技击舞影放拼侵暇
艺研法暇工阅益潜品跳园鱼拼能蚀游
趣究陶品乐利针阅乐园暇钓乐图跳法

土壤	有机
生态学	植物
能源	生产
侵蚀	系统
蔬菜	污染
农业	食物
乡村的	科学
肥料	种子
环境	疾病
研究	

38 - Oceaan

能	法	舞	游	狩	露	钓	松	章	击	画	趣	织	鱼	纫	露
瓷	猎	舞	能	法	法	针	影	鱼	潜	远	阅	绘	礁	营	足
远	陶	技	影	纫	园	猎	拼	营	松	技	纫	趣	魔	球	阅
暇	画	营	猎	狩	技	陶	拳	阅	读	猎	球	盐	钓	拳	趣
暇	品	利	乐	织	纫	能	针	暇	拼	针	远	益	活	虾	阅
棒	拳	阅	戏	技	艺	暇	图	击	魔	活	棒	棒	营	球	乌
织	鲨	螃	蟹	针	工	瓷	足	鱼	枪	金	鲸	趣	海	豚	龟
钓	棒	鱼	益	棒	乐	船	瓷	画	阅	篮	暇	拼	篮	潜	能
针	跳	拳	瓷	珊	瑚	魔	活	织	针	海	瓷	织	海	蜇	篮
击	猎	摄	跳	活	跳	风	园	拼	营	趣	绵	潮	汐	露	游
猎	跳	鳗	动	篮	潜	暴	露	活	远	拳	球	舞	针	游	暇
活	影	鱼	远	跳	缝	松	击	拳	拼	读	击	法	球	戏	足
游	球	舞	猎	篮	藻	绘	篮	织	陶	暇	利	瓷	工	潜	露
品	工	球	魔	跳	类	阅	足	术	术	戏	园	针	魔	戏	拳
针	工	阅	潜	图	潜	活	露	足	拳	营	艺	鱼	阅	牡	狩
拼	能	拳	乐	画	能	影	利	瓷	趣	篮	露	远	瓷	蛎	影

鳗鱼	海蜇
藻类	章鱼
海豚	牡蛎
潮汐	乌龟
鲨鱼	海绵
珊瑚	风暴
螃蟹	金枪鱼

39 - Landen #2

松	乐	松	针	戏	拳	绘	肯	阅	游	松	篮	品	阅	影	暇
露	猎	黎	动	钓	棒	缝	尼	拼	读	猎	工	游	益	阅	纫
摄	读	读	巴	园	跳	趣	亚	工	拼	针	摄	乐	纫	针	乐
游	营	远	阅	嫩	纫	击	技	陶	跳	乐	印	松	瓷	球	
狩	远	动	法	能	棒	图	动	法	跳	能	魔	度	拳	足	猎
篮	益	摄	营	足	动	针	远	乌	国	纫	画	尼	影	读	潜
俄	拳	乐	绘	拼	益	老	挝	干	绘	舞	戏	西	墨	工	画
瓷	罗	希	腊	击	绘	拳	钓	达	术	织	跳	亚	西	日	本
能	乐	斯	叙	利	亚	益	图	乌	克	兰	拼	利	哥	摄	画
利	营	针	动	魔	针	球	瓷	球	读	利	趣	日	跳	陶	利
工	瓷	缝	能	暇	瓷	缝	陶	钓	织	足	猎	尼	松	瓷	绘
游	击	索	马	里	击	瓷	活	暇	放	鱼	乐	工	跳	能	趣
舞	技	舞	游	陶	尼	针	暇	丹	麦	远	棒	纫	陶	针	影
击	钓	画	艺	营	泊	艺	活	爱	尔	兰	足	织	益	图	营
埃	塞	俄	比	亚	尔	马	来	西	亚	里	比	利	营	球	狩
能	品	读	戏	鱼	艺	术	利	鱼	营	戏	园	影	舞	狩	艺

丹麦
埃塞俄比亚
法国
希腊
爱尔兰
印度尼西亚
日本
肯尼亚
老挝
黎巴嫩

利比里亚
马来西亚
墨西哥
尼泊尔
尼日利亚
乌干达
乌克兰
俄罗斯
索马里
叙利亚

40 - Bloemen

击	乐	击	缝	园	击	潜	水	能	跳	西	影	棒	芙	蓉	阅
艺	图	钓	鱼	棒	绘	束	仙	球	远	番	舞	击	钓	读	园
狩	足	鱼	击	击	魔	瓣	花	子	栀	莲	针	活	足	利	瓷
绘	瓷	篮	营	技	篮	针	兰	棒	球	读	暇	影	向	画	缝
拳	阅	拳	术	术	潜	猎	玉	兰	暇	拳	乐	日	读	棒	棒
钓	陶	针	图	缝	游	瓷	缝	技	暇	游	葵	魔	玫		
足	技	摄	百	合	术	放	拼	跳	活	纫	暇	雏	菊	艺	瑰
暇	利	读	园	影	潜	针	陶	露	钓	缝	织	动	阅	远	织
营	品	陶	瓷	狩	摄	暇	动	利	棒	营	棒	营	阅	舞	戏
拳	法	戏	术	猎	利	品	趣	猎	利	钓	戏	画	狩	薰	绘
蒲	公	英	品	利	舞	瓷	能	阅	猎	缝	球	篮	阅	衣	球
阅	球	绘	动	足	活	暇	法	罂	暇	利	织	陶	拼	草	活
郁	针	阅	击	足	跳	针	动	足	粟	球	织	能	茉	莉	花
摄	金	足	画	绘	放	猎	篮	图	暇	针	读	三	叶	草	技
狩	棒	香	游	营	能	营	放	篮	工	针	能	游	拼	技	绘
放	鱼	牡	丹	术	狩	潜	营	品	放	趣	篮	击	放	活	绘

花瓣
花束
栀子花
芙蓉
茉莉花
三叶草
薰衣草
百合
雏菊
玉兰

水仙花
兰花
蒲公英
罂粟
西番莲
牡丹
玫瑰
郁金香
向日葵

41 - Landschappen

鱼	猎	鱼	暇	能	远	球	露	法	舞	陶	针	品	品	趣	画
利	拼	乐	能	拳	潜	读	狩	法	篮	潜	趣	活	画	画	拳
棒	足	狩	松	猎	松	绘	能	绘	松	工	远	工	潜	针	戏
工	活	棒	山	冰	山	摄	趣	海	洋	魔	品	鱼	术	棒	击
半	岛	篮	沙	漠	足	鱼	露	击	乐	艺	画	纫	缝	潜	跳
趣	瓷	缝	园	跳	能	猎	鱼	绘	暇	图	法	潜	拼	潜	山
戏	狩	跳	瓷	瓷	魔	缝	乐	暇	戏	沼	阅	品	图	击	谷
利	乐	魔	鱼	技	钓	织	术	舞	潜	泽	猎	鱼	乐	益	益
拼	读	营	戏	趣	术	跳	乐	拼	缝	拼	能	暇	戏	活	织
图	阅	游	工	能	跳	戏	艺	益	魔	益	品	舞	阅	能	术
狩	舞	绿	技	瀑	画	趣	术	露	瓷	钓	活	技	针	品	猎
潜	摄	洲	冰	布	跳	魔	阅	绘	足	戏	画	暇	针	球	能
工	益	活	利	川	河	拳	间	歇	泉	篮	缝	织	游	针	针
火	山	纫	技	湾	趣	品	球	技	足	技	潜	露	法	能	潜
图	活	戏	法	营	海	乐	足	工	放	动	球	拼	舞	苔	原
摄	术	法	狩	球	阅	滩	洞	穴	湖	工	放	图	棒	球	跳

间歇泉	半岛
冰川	海滩
海湾	苔原
洞穴	山谷
冰山	火山
沼泽	瀑布
绿洲	沙漠
海洋	

42 - Tuin

阅	法	图	织	陶	狩	钓	放	潜	潜	软	岩	拳	阅	绘	足
陶	图	鱼	纫	阅	远	摄	猎	足	图	管	石	放	松	鱼	针
松	棒	品	远	织	鱼	露	趣	活	暇	画	工	球	陶	远	趣
益	能	篮	营	动	击	魔	车	库	潜	篮	乐	池	园	品	潜
阅	土	壤	远	工	缝	潜	陶	技	影	鱼	池	园	园	针	图
放	鱼	摄	益	暇	营	阅	游	棒	能	跳	塘	益	树	缝	狩
跳	足	法	影	读	暇	动	缝	杂	鱼	活	门	瓷	陶	钓	技
纫	影	乐	松	画	游	放	放	草	草	廊	果	猎	魔	工	草
鱼	织	阅	纫	织	拳	狩	跳	读	乐	鱼	阅	园	图	画	坪
击	趣	击	潜	摄	园	利	技	术	针	戏	舞	利	花	能	法
灌	木	乐	益	栅	栏	击	动	织	暇	活	园	击	松	露	放
棒	魔	跳	绘	球	篮	跳	影	乐	松	放	缝	舞	读	利	摄
吊	游	法	游	法	法	拼	平	耙	瓷	舞	戏	图	舞	陶	拳
床	足	活	舞	法	画	魔	台	远	拼	舞	狩	戏	钓	钓	棒
蹦	能	拼	品	技	放	营	益	露	针	魔	法	舞	钓	利	潜
游	钓	阅	瓷	拼	游	松	绘	花	鱼	乐	钓	陶	球	狩	铲

土壤
果园
车库
草坪
吊床
栅栏
杂草
岩石

软管
灌木
平台
蹦床
花园
门廊
池塘

43 - Beroepen #2

织拳暇戏戏棒篮露瓷影趣营图狩法影
猎工游艺艺趣品活品活绘球乐趣拼球
陶图图利篮瓷拳利乐球侦画图活跳棒
营能棒拳织纫动技技松织探瓷游远活
画家研究员益针篮读潜潜图工拼游品
术画法钓陶暇活哲学家摄影师潜瓷织
露插读阅跳瓷营术术乐织潜程图拼营
影暇瓷放游舞棒猎读钓记者工书拼园
篮魔摄放戏织工艺能击图明放管读乐
球工技暇飞行员跳游暇医发园理纫球
放农外击读读缝宇航员生钓丁员陶园
魔露民科棒品画牙医游瓷足活术魔舞
趣纫生足医动趣戏松绘鱼动猎纫工摄
能松物绘读生足篮松趣跳阅能针老足
能阅学艺品利击影游拳影阅陶暇师针
法营家学言语织趣营露击益足缝戏魔

医生	工程师
宇航员	记者
图书管理员	老师
生物学家	语言学家
农民	研究员
外科医生	飞行员
侦探	画家
哲学家	牙医
摄影师	园丁
插画家	发明者

44 - Dagen en Maanden

球	放	钓	图	法	拼	击	狩	篮	击	园	星	动	陶	工	钓
图	舞	利	活	狩	艺	戏	潜	棒	绘	三	期	星	年	针	利
能	读	钓	球	击	利	术	趣	利	魔	魔	四	营	棒	暇	纫
戏	钓	放	松	图	足	瓷	利	松	绘	钓	篮	舞	乐	松	远
艺	营	鱼	瓷	乐	图	营	远	乐	钓	暇	技	跳	周	阅	足
工	术	远	潜	松	艺	松	松	露	三	十	放	远	织	足	日
放	暇	趣	活	趣	品	星	足	潜	月	六	一	八	月	趣	历
猎	跳	摄	艺	利	日	期	星	艺	二	期	星	月	针	术	游
舞	露	跳	瓷	露	棒	一	乐	潜	月	跳	狩	七	戏	跳	狩
戏	十	钓	读	一	摄	工	摄	织	九	星	跳	动	足	足	织
暇	艺	月	利	月	乐	放	乐	远	跳	期	织	瓷	利	艺	趣
针	松	狩	趣	潜	潜	图	针	动	棒	五	狩	益	纫	活	能
猎	陶	跳	阅	能	乐	画	读	钓	狩	益	放	击	活	棒	跳
技	画	拳	星	图	技	瓷	法	动	狩	拼	动	针	鱼	露	舞
篮	影	织	期	纫	狩	球	图	园	动	棒	动	工	戏	绘	钓
读	针	工	六	阅	绘	能	术	远	动	戏	绘	品	足	跳	摄

八月	三月
星期二	十一月
星期四	十月
二月	九月
一月	星期五
七月	星期三
六月	星期六
日历	星期日
星期一	

45 - Beeldende Kunsten

陶 图 纫 动 狩 露 露 棒 技 读 跳 跳 游 露 暇 放
器 创 造 力 远 鱼 猎 画 图 篮 园 活 戏 术 钓 缝
跳 木 松 阅 绘 露 松 艺 松 鱼 阅 拼 营 绘 舞 戏
园 炭 潜 画 利 艺 活 舞 击 纫 针 画 阅 针 营 暇
狩 缝 放 暇 纫 术 鱼 阅 露 活 乐 工 架 魔 棒 阅
魔 影 摄 远 活 家 织 乐 活 动 阅 织 钓 摄 舞 击
游 能 照 摄 图 趣 利 针 击 跳 鱼 戏 魔 鱼 园 足
针 球 片 瓷 暇 织 舞 能 猎 粘 针 摄 能 狩 放 动
活 粉 画 看 法 拼 暇 陶 放 土 缝 法 纫 鱼 园 杰
露 乐 笔 猎 营 阅 击 猎 图 拼 游 绘 工 陶 放 作
放 利 铅 织 艺 瓷 模 缝 动 图 拳 品 电 图 影 活
艺 画 画 球 术 具 跳 利 画 针 园 影 读 影 织
蜡 拼 陶 松 织 针 摄 放 足 远 远 狩 阅 针 游 肖
足 图 钓 猎 陶 拳 鱼 工 瓷 足 针 鱼 球 远 跳 像
拳 艺 益 暇 远 足 影 跳 阅 钓 动 游 纫 钓 鱼 雕
绘 猎 益 球 绘 画 露 术 钓 篮 乐 拼 舞 建 筑 塑

陶器　　　　　粘土
建筑　　　　　粉笔
艺术家　　　　杰作
雕塑　　　　　看法
创造力　　　　肖像
画架　　　　　铅笔
电影　　　　　绘画
照片　　　　　模具
木炭

46 - Tuinieren

花 束 魔 污 软 管 钓 棒 营 针 棒 钓 乐 堆 肥 远
暇 利 露 暇 垢 戏 画 营 摄 陶 艺 图 织 松 魔 食
足 物 植 营 跳 魔 足 棒 技 松 棒 法 营 利 艺 用
缝 种 猎 魔 树 魔 放 针 影 影 利 画 暇 季 节 性
影 益 活 摄 叶 法 远 阅 放 读 阅 绘 潜 鱼 猎 术
放 魔 读 法 法 利 棒 益 游 跳 摄 趣 拳 动 品 球
拳 暇 阅 球 篮 术 钓 种 钓 绘 远 拼 益 鱼 猎 分
鱼 工 术 阅 瓷 术 术 子 露 营 阅 潜 读 猎 水 土
拳 图 果 松 读 画 缝 影 暇 绘 的 织 篮 棒 游 壤
暇 击 园 异 阅 陶 舞 潜 动 开 花 缝 足 魔 营 瓷
园 露 露 营 国 针 乐 跳 拳 工 能 戏 术 动 摄 魔
乐 气 候 趣 球 情 图 趣 拳 能 能 猎 棒 远 潜 戏
潜 叶 阅 影 影 品 调 阅 利 容 魔 放 法 露 篮 魔
潜 放 益 跳 瓷 拼 暇 瓷 足 器 狩 棒 趣 术 工 瓷
舞 拼 品 瓷 趣 拼 拳 益 趣 暇 利 趣 远 摄 棒 戏
能 松 狩 拳 露 益 跳 缝 趣 暇 利 趣 远 阅 拳 戏

花的	异国情调
开花	树叶
土壤	气候
花束	季节性
果园	软管
植物	物种
堆肥	水分
容器	污垢
食用	种子

47 - Menselijk Lichaam

动 拳 击 钓 读 游 图 缝 图 舞 法 图 远 魔 踝 拳
戏 影 陶 绘 针 狩 球 工 动 缝 钓 陶 能 读 活 纫
乐 远 跳 猎 跳 魔 耳 颚 球 趣 乐 足 放 法 棒 拳
图 技 舌 头 能 钓 朵 趣 狩 跳 放 足 技 工 技 拳
益 暇 品 能 露 皮 拼 猎 球 足 工 鼻 瓷 松 缝 图
益 球 瓷 影 猎 钓 肤 下 营 瓷 利 子 鱼 影 营 趣
乐 术 击 足 鱼 足 绘 巴 织 艺 针 暇 图 能 暇 动
远 图 肘 部 读 嘴 心 肩 膀 针 术 拼 放 技 鱼 钓
脖 放 摄 手 术 远 膝 盖 陶 篮 钓 潜 动 松 动 脑
子 猎 松 能 利 钓 钓 游 针 影 球 法 放 动 缝 阅
魔 艺 舞 击 术 露 阅 工 魔 松 拼 艺 营 法 游 阅
技 阅 潜 篮 篮 术 露 乐 针 织 猎 血 趣 园 舞 技
能 绘 狩 腿 手 益 营 缝 露 球 潜 拼 乐 足 趣 绘
营 舞 篮 足 指 舞 阅 露 动 能 缝 乐 瓷 画 魔 猎
拼 营 技 园 拳 技 影 图 瓷 跳 篮 松 缝 活 游 戏
法 利 陶 猎 胃 游 织 园 瓷 魔 松 纫 图 摄 缝 击

肘部　　　　　　　鼻子
皮肤　　　　　　　耳朵
下巴　　　　　　　肩膀
膝盖　　　　　　　舌头
脖子　　　　　　　手指

48 - Energie

舞 污 染 陶 放 能 棒 利 篮 动 击 影 鱼 魔 远 益
艺 纫 潜 燃 术 纫 阅 瓷 潜 影 画 活 技 戏 乐 品
游 织 艺 料 远 陶 品 跳 技 影 画 钓 球 露 营 氢
击 猎 摄 营 营 篮 热 园 暇 画 暇 影 瓷 舞 织
品 能 营 瓷 园 能 柴 油 图 艺 瓷 环 品 鱼 鱼 击
击 暇 园 画 风 池 电 纫 营 涡 球 趣 境 跳 利 放
钓 核 图 能 缝 利 子 光 拼 轮 读 击 击 阅 趣 乐
暇 工 摄 跳 猎 纫 游 利 技 技 拳 远 潜 碳 放 篮
缝 露 园 技 汽 油 击 益 园 马 棒 影 潜 潜 球 读 针
益 游 戏 游 蒸 术 技 益 达 舞 棒 法 潜 球 潜
篮 猎 工 读 法 缝 拼 读 篮 趣 棒 图 跳 品 鱼
击 跳 织 业 营 再 技 潜 画 篮 棒 动 工 篮 暇 画
品 缝 潜 营 益 生 猎 暇 棒 绘 图 营 阅 魔 远 乐
猎 乐 拼 趣 跳 鱼 图 露 放 营 活 狩 能 露 暇 拼
放 鱼 足 松 术 棒 影 放 缝 放 陶 读 狩 活 工 暇
钓 球 园 猎 织 游 戏 远 织 放 钓 潜 益 动 乐 能

电池
汽油
燃料
柴油
电子
光子
再生

工业
马达
环境
蒸汽
涡轮
污染

49 - Familie

摄	艺	绘	利	陶	绘	露	暇	技	球	绘	工	拳	拳	绘	趣
潜	园	读	球	纫	益	艺	狩	潜	织	针	阅	益	法	法	魔
能	利	品	放	针	术	狩	绘	乐	松	瓷	先	祖	母	魔	工
足	击	纫	缝	趣	拳	图	法	技	缝	品	潜	跳	益	影	瓷
远	露	戏	狩	动	游	绘	缝	跳	祖	瓷	篮	跳	戏	动	影
园	丈	夫	趣	鱼	乐	暇	乐	球	摄	父	技	击	动	影	活
潜	松	游	益	松	针	戏	兄	读	纫	工	陶	营	益	动	篮
针	技	松	足	女	儿	绘	弟	放	叔	能	足	父	童	年	拼
纫	工	暇	游	阅	法	露	鱼	叔	篮	缝	亲	活	篮	乐	暇
品	读	潜	园	暇	魔	艺	绘	营	摄	球	远	的	放	营	影
织	术	工	益	阿	远	乐	趣	拳	术	织	瓷	摄	露	技	织
侄	女	双	胞	胎	姨	姐	姐	鱼	潜	法	妻	子	孩	品	读
影	画	益	狩	技	缝	鱼	父	露	棒	法	篮	孙	侄	拳	足
益	松	营	趣	摄	摄	动	亲	魔	缝	瓷	能	狩	球	瓷	画
画	足	球	缝	摄	针	活	球	针	松	摄	绘	猎	摄	露	针
法	品	工	乐	母	亲	露	益	摄	猎	拳	工	陶	技	针	画

兄弟	叔叔
女儿	祖父
祖母	阿姨
童年	双胞胎
孩子	父亲
孙子	父亲的
丈夫	祖先
母亲	妻子
侄子	姐姐
侄女	

50 - Gebouwen

棒	园	击	营	营	读	纫	阅	电	画	钓	艺	摄	工	趣	博
远	松	乐	园	乐	拼	绘	拳	乐	影	能	动	纫	影	营	物
潜	陶	放	技	放	缝	跳	技	法	戏	营	舞	利	图	暇	馆
农	场	市	级	超	公	寓	足	拳	影	益	远	艺	猎	品	球
品	棒	育	织	篮	图	工	露	鱼	工	读	阅	暇	酒	店	暇
园	技	足	体	实	验	室	大	织	暇	摄	鱼	远	鱼	益	术
织	戏	球	工	利	猎	戏	使	篮	摄	球	能	拼	术	园	鱼
艺	利	鱼	厂	纫	陶	图	馆	击	活	能	剧	乐	谷	缝	营
能	趣	艺	能	拼	放	乐	影	织	利	城	院	舞	仓	乐	术
技	纫	工	画	趣	趣	击	动	钓	远	堡	能	陶	医	益	远
画	球	针	益	游	乐	园	针	游	针	营	品	天	院	篮	钓
阅	松	放	跳	影	拳	鱼	术	能	益	舞	潜	文	帐	纫	露
乐	远	戏	放	钓	利	露	图	动	击	拳	活	台	画	篷	猎
学	校	法	图	魔	舱	织	读	读	远	针	摄	拼	织	暇	营
大	图	营	活	舞	游	纫	游	塔	技	拳	艺	园	拳	魔	品
活	放	松	钓	影	狩	术	足	艺	篮	读	游	营	阅	品	读

大使馆
公寓
电影
农场
工厂
酒店
城堡
实验室
博物馆

天文台
学校
谷仓
体育场
超级市场
帐篷
剧院
大学
医院

51 - Beroepen #1

影	乐	棒	活	暇	音	能	松	品	图	大	使	潜	织	钓	影
缝	球	读	鱼	纫	画	乐	舞	游	乐	趣	棒	足	画	品	钓
益	织	纫	狩	绘	潜	拳	家	学	质	地	益	足	针	露	针
跳	术	艺	法	护	戏	织	学	园	乐	读	放	织	影	针	术
运	动	员	摄	士	潜	击	文	活	拼	球	拼	法	放	舞	跳
瓷	图	医	生	影	技	暇	天	狩	缝	松	工	动	利	织	工
摄	术	游	绘	暇	拼	活	跳	球	拼	猎	击	织	远	缝	工
松	趣	水	管	工	工	拳	足	品	松	图	缝	鱼	狩	拼	技
远	能	跳	法	技	钢	琴	家	行	银	益	纫	趣	工	动	营
舞	潜	舞	动	舞	能	动	学	露	活	乐	足	狩	游	法	缝
编	利	陶	舞	画	放	鱼	科	园	远	足	摄	纫	舞	针	乐
辑	珠	宝	商	蹈	球	潜	暇	兽	医	趣	影	营	猎	读	足
击	放	药	剂	师	家	心	理	学	家	织	拳	律	钓	人	远
拼	舞	击	暇	图	球	潜	动	活	阅	陶	狩	师	缝	放	棒
乐	影	钓	活	制	利	猎	工	动	工	图	放	舞	缝	益	针
足	陶	纫	活	击	趣	艺	乐	远	戏	针	摄	球	游	利	戏

律师	编辑
大使	地质学家
药剂师	猎人
天文学家	珠宝商
运动员	水管工
银行家	音乐家
制图师	钢琴家
舞蹈家	心理学家
兽医	护士
医生	科学家

52 - Antarctica

跳	活	艺	棒	能	舞	瓷	足	球	缝	远	征	篮	拼	织	舞
鱼	远	利	拳	鱼	戏	营	阅	鱼	营	猎	趣	动	绘	利	钓
鱼	篮	纫	摄	营	乐	魔	动	大	术	拳	露	跳	云	影	放
放	法	活	术	潜	鱼	利	法	陆	摄	术	狩	织	松	营	魔
地	形	跳	品	画	拳	图	绘	潜	能	棒	工	影	技	狩	营
戏	钓	术	瓷	暇	远	能	趣	艺	品	纫	阅	足	拳	钓	钓
摄	术	益	法	图	松	暇	鱼	球	研	究	员	松	图	工	工
读	猎	益	温	露	织	戏	乐	暇	狩	游	放	趣	法	保	水
动	动	缝	度	术	技	乐	球	狩	湾	趣	绘	猎	技	护	猎
法	放	乐	跳	戏	绘	品	法	利	品	放	放	鱼	露	远	放
舞	川	冰	企	鹅	摄	图	术	科	学	的	艺	放	织	织	露
狩	工	缝	织	跳	乐	摄	移	动	舞	陶	松	术	能	洛	品
潜	跳	织	潜	影	术	露	民	工	摄	摄	画	球	远	奇	艺
阅	拳	钓	松	戏	品	半	屿	艺	篮	利	矿	猎	营	钓	法
阅	法	品	环	戏	针	棒	露	影	暇	利	物	品	工	摄	利
球	松	绘	舞	境	画	能	暇	远	游	术	潜	摄	地	理	图

保护
大陆
岛屿
远征
地理
冰川
移民
矿物

环境
研究员
企鹅
洛奇岛
半温度
地形
科学的

53 - Ballet

图陶术游园足品活松技品足狩织钓戏
针音乐跳放拼球织读暇暇狩法园纫舞
趣手势趣纫远猎技风格戏戏足游观众
缝狩利活棒技技摄画阅戏动益影画狩
舞狩猎缝拳能技能跳画舞跳法法动陶
利潜艺技织术法营阅摄趣者缝掌声拳
肌摄暇品舞动鱼击品针作球魔利节奏
肉针篮品技技狩戏绘织园曲远棒影工
图技工趣纫独工艺术管游图家猎击暇
实践戏技的奏露球击弦编舞陶乐利动
篮足钓棒术舞狩钓织乐戏品戏影球绘
艺露缝陶艺狩鱼画拼队暇针能棒活暇
画远鱼鱼跳瓷强度松织棒松影松篮猎
潜法陶狩摄读球术品活鱼富有表现力
艺针游术缝动远狩读球拳球露利缝缝
图艺动暇影远跳拼拳足暇戏戏摄阅品

掌声	管弦乐队
艺术的	实践
编舞	观众
作曲家	节奏
舞者	独奏
富有表现力	肌肉
手势	风格
强度	技术
音乐	技能

54 - Fruit

阅	暇	动	棒	能	纫	影	钓	潜	工	陶	陶	图	潜	工	益
读	动	球	暇	魔	露	魔	芒	足	纫	摄	放	棒	跳	营	缝
棒	乐	球	棒	工	园	营	果	活	足	缝	跳	图	纫	放	棒
读	法	利	陶	乐	品	拳	苹	织	工	趣	桃	猴	猕	潜	图
陶	鱼	营	阅	露	篮	远	跳	针	缝	陶	活	工	拼	动	绘
阅	园	足	图	摄	篮	能	鳄	舞	暇	瓷	针	乐	篮	品	松
钓	工	橙	色	影	击	松	梨	游	营	艺	松	暇	绘	香	益
拳	针	猎	拳	击	工	利	松	技	戏	园	陶	品	猎	蕉	瓜
术	钓	篮	织	图	游	戏	活	覆	盆	子	能	术	魔	图	鱼
戏	乐	艺	摄	跳	动	暇	球	放	陶	李	艺	暇	暇	法	利
拳	篮	技	法	缝	柠	狩	木	瓜	樱	利	杏	能	舞	戏	缝
戏	艺	拳	摄	法	檬	益	游	棒	瓷	桃	工	拼	阅	瓷	营
拼	暇	瓷	椰	工	缝	潜	跳	读	术	营	油	球	露	潜	球
棒	术	松	子	葡	萄	篮	戏	猎	读	浆	足	击	艺	画	阅
舞	菠	影	益	游	游	钓	阅	织	瓷	果	术	园	阅	益	戏
摄	画	萝	游	术	图	暇	针	狩	潜	钓	狩	读	益	阅	远

菠萝	樱桃
苹果	猕猴桃
鳄梨	椰子
香蕉	芒果
浆果	油桃
柠檬	橙色
葡萄	木瓜
覆盆子	李子

55 - Engineering

利 利 工 摄 分 益 趣 杠 杆 棒 园 营 运 益 液 缝
益 绘 柴 图 配 园 益 露 放 营 活 读 趣 动 体 纫
工 营 油 绘 戏 棒 戏 品 戏 推 影 画 舞 魔 拼 法
魔 画 缝 读 棒 球 篮 狩 摄 进 图 露 织 画 陶 动
画 影 角 度 球 放 摄 潜 法 棒 狩 潜 活 棒 艺 品
术 远 品 趣 棒 法 跳 游 戏 能 放 术 放 暇 能 钓
利 阅 陶 鱼 动 拳 园 能 放 轴 力 营 法 潜 拼 益
读 术 活 缝 舞 阅 足 棒 源 技 量 测 图 绘 技 戏
远 露 活 阅 鱼 露 动 工 画 园 直 径 图 表 纫 棒
工 球 动 利 摄 足 绘 魔 能 绘 潜 读 陶 绘 松 魔
足 摄 动 结 构 绘 益 读 乐 鱼 摩 擦 放 足 戏 拳
趣 戏 品 画 舞 棒 营 缝 远 暇 钓 远 潜 远 针 缝
营 机 计 算 戏 乐 图 游 法 缝 击 游 鱼 织 猎 戏
松 器 拼 钓 露 影 术 画 猎 利 法 跳 织 击 跳 术
足 图 画 陶 戏 能 跳 针 读 影 拼 瓷 暇 深 跳 戏
击 稳 定 性 马 达 益 图 魔 绘 纫 活 戏 度 狩 针

计算
运动
图表
直径
深度
柴油
分配
能源
杠杆
角度

力量
机器
测量
马达
稳定性
结构
液体
推进
摩擦

56 - Literatuur

```
影 园 露 法 球 魔 拼 舞 猎 活 瓷 工 乐 织 活 动
工 拳 织 图 棒 狩 益 缝 利 猎 工 技 画 击 主 题
乐 钓 趣 品 营 击 画 诗 陶 画 舞 园 鱼 游 球 能
品 缝 品 猎 缝 足 拳 潜 瓷 隐 喻 戏 鱼 棒 鱼 瓷
魔 狩 风 格 能 趣 益 猎 术 织 针 利 露 织 露 狩
轶 游 狩 趣 瓷 魔 拳 鱼 影 拳 益 松 影 拼 鱼 绘
术 事 纫 陶 描 述 园 击 营 技 织 影 能 法 潜 图
足 松 足 远 园 画 阅 读 趣 艺 狩 韵 传 记 园 术
球 利 利 术 纫 阅 影 分 篮 画 影 拳 品 营 园 益
球 动 鱼 击 拳 绘 鱼 跳 陶 针 园 陶 法 技 比 钓
趣 阅 活 瓷 艺 作 益 营 读 纫 狩 松 松 比 类
艺 猎 品 鱼 鱼 者 戏 读 影 利 足 远 趣 舞 较
园 益 魔 乐 陶 陶 足 旁 节 奏 拳 鱼 品 对 击
品 活 能 园 舞 艺 悲 白 摄 缝 见 暇 小 说 话 动
图 游 营 技 诗 意 剧 鱼 活 影 松 园 趣 缝 结 暇
舞 放 园 法 跳 游 拼 益 舞 艺 活 戏 陶 戏 论 击
```

类比
分析
轶事
作者
传记
结论
对话
小说
意见

隐喻
描述
诗意
节奏
风格
主题
悲剧
比较
旁白

57 - Technologie

远	动	活	阅	鱼	艺	鱼	魔	园	互	舞	字	信	篮	虚	舞
狩	拼	织	暇	绘	数	据	画	击	联	屏	体	鱼	息	拟	画
放	活	影	利	拼	图	摄	织	钓	网	幕	放	影	浏	织
狩	工	球	针	纫	工	读	图	摄	跳	摄	品	活	影	览	舞
画	影	乐	远	足	图	画	动	猎	园	画	织	拼	露	器	陶
舞	电	脑	跳	影	球	园	远	画	数	字	瓷	放	能	法	棒
艺	纫	活	钓	拼	陶	狩	棒	统	安	全	博	影	猎	利	鱼
松	缝	瓷	魔	艺	钓	光	拼	计	露	乐	客	魔	潜	利	文
画	瓷	戏	术	活	魔	标	术	数	暇	技	纫	利	研	钓	件
猎	营	球	猎	园	病	艺	织	据	纫	松	字	节	足	究	工
魔	钓	露	拳	法	毒	跳	织	鱼	趣	技	软	照	相	机	摄
拼	绘	缝	暇	棒	瓷	魔	篮	利	击	狩	件	棒	工	陶	园
戏	放	织	动	品	乐	舞	潜	缝	趣	拳	绘	足	园	足	绘
松	猎	纫	利	狩	摄	纫	游	狩	戏	能	拳	艺	工	远	篮
术	舞	棒	读	缝	影	趣	拳	针	绘	潜	能	篮	画	品	影
营	益	影	暇	园	图	拳	图	拳	舞	拼	术	缝	游	技	趣

信息　　　　　　　　　　互联网
文件　　　　　　　　　　字体
博客　　　　　　　　　　研究
浏览器　　　　　　　　　屏幕
字节　　　　　　　　　　软件
照相机　　　　　　　　　统计数据
电脑　　　　　　　　　　安全
光标　　　　　　　　　　虚拟
数字　　　　　　　　　　病毒
数据

58 - Boeken

影	棒	小	说	收	画	游	绘	跳	趣	历	织	能	能	法	影
法	二	放	动	藏	潜	乐	击	猎	影	暇	史	棒	乐	益	技
拳	元	远	露	艺	乐	艺	纫	陶	技	球	远	的	击	纫	利
悲	性	远	图	足	动	术	学	织	织	图	拳	绘	活	读	者
品	剧	击	幽	默	上	下	文	书	舞	术	绘	阅	鱼	艺	作
针	影	能	影	园	钓	阅	读	魔	面	图	技	冒	险	阅	动
技	绘	营	篮	工	术	松	拳	狩	游	的	猎	暇	艺	针	品
摄	舞	戏	舞	营	纫	狩	缝	暇	旁	诗	相	关	的	营	露
缝	品	放	拳	潜	工	能	击	远	白	歌	益	艺	故	事	拳
益	技	暇	舞	陶	远	织	工	品	缝	法	艺	园	利	乐	乐
钓	织	松	画	能	陶	陶	影	跳	利	游	鱼	乐	品	瓷	放
益	鱼	术	狩	摄	影	游	织	动	拳	术	活	乐	影	趣	画
魔	舞	史	放	术	拼	摄	瓷	远	放	棒	活	拼	露	舞	暇
潜	拼	诗	缝	阅	露	绘	鱼	露	乐	跳	戏	绘	棒	舞	营
击	摄	松	图	放	利	利	鱼	陶	能	艺	法	发	乐	图	页
摄	影	利	纫	织	术	远	能	棒	摄	动	鱼	明	品	工	拼

作者	发明
冒险	读者
收藏	文学
上下文	诗歌
二元性	相关的
史诗	小说
书面的	悲剧
历史的	故事
幽默	旁白

59 - Meer Informatie

利	舞	织	活	绘	火	篮	营	神	秘	图	放	足	棒	击	法
工	织	法	工	篮	工	暇	鱼	绘	足	缝	画	松	益	绘	品
缝	错	球	法	织	技	极	营	园	绘	图	露	阅	未	阅	针
活	场	觉	潜	图	读	端	纫	戏	远	拼	露	星	来	球	工
缝	景	游	能	世	界	行	星	能	图	益	松	系	派	原	暇
法	法	拳	益	狩	魔	图	营	艺	击	针	技	术	术	子	益
缝	缝	绘	狩	陶	能	拳	艺	舞	暇	放	活	利	图	画	舞
针	术	鱼	游	钓	品	篮	露	画	远	钓	工	钓	品	图	影
动	图	潜	织	园	暇	摄	画	技	远	园	露	舞	利	拳	纫
工	能	图	瓷	跳	影	舞	影	术	魔	缝	松	乐	纫	篮	动
缝	虚	构	的	机	器	人	书	艺	潜	电	阅	图	陶	球	击
游	拼	针	棒	术	棒	技	艺	籍	狩	影	克	隆	利	活	狩
织	摄	利	益	暇	猎	爆	影	缝	反	乌	托	邦	甲	骨	文
图	技	拳	活	利	游	鱼	炸	营	益	钓	工	托	动	拳	读
能	魔	艺	园	放	潜	拼	趣	利	钓	纫	画	乌	画	舞	读
绘	钓	园	暇	瓷	游	针	读	益	暇	摄	乐	松	阅	工	游

原子   神秘
电影   甲骨文
书籍   行星
虚构的   机器人
反乌托邦   场景
爆炸   星系
极端   技术
未来派   乌托邦
错觉   世界
克隆

60 - Regenwoud

云	动	法	魔	多	拳	篮	有	露	瓷	跳	狩	植	物	绘	游
纫	术	针	棒	露	样	放	价	图	击	两	气	候	猎	营	潜
画	松	拼	哺	拼	陶	性	值	物	种	栖	能	钓	露	乐	阅
拳	鱼	尊	乳	画	画	图	的	趣	读	动	术	影	法	拼	猎
暇	工	重	动	法	动	钓	瓷	潜	暇	物	游	放	营	露	击
丛	读	大	物	戏	鱼	拳	游	击	园	球	画	能	乐	术	园
林	狩	自	鸟	类	瓷	击	避	瓷	松	法	园	品	戏	绘	艺
露	乐	然	瓷	营	艺	益	舞	难	品	法	影	击	足	织	球
足	画	狩	织	篮	游	棒	艺	所	放	棒	法	艺	击	法	
苔	放	社	区	缝	益	放	球	趣	能	钓	松	工	趣	针	
藓	足	阅	利	放	暇	瓷	棒	能	阅	狩	游	鱼	棒	阅	
狩	跳	乐	游	钓	趣	缝	击	篮	狩	生	活	阅	读	工	
阅	保	缝	乐	针	纫	跳	法	影	狩	工	动	存	拳	法	画	纫
陶	营	存	织	能	活	篮	远	恢	工	艺	能	利	纫	画	球
棒	艺	工	舞	读	鱼	纫	暇	复	露	艺	昆	虫	陶	法	动
露	摄	园	阅	营	击	阅	针	画	趣	纫	松	钓	陶	绘	篮

两栖动物	大自然
保存	生存
植物	尊重
多样性	恢复
社区	物种
昆虫	避难所
丛林	鸟类
气候	有价值的
苔藓	哺乳动物

61 - Haartypes

放 钓 艺 趣 读 织 能 柔 戏 读 钓 画 钓 乐 针 缝
法 潜 针 活 趣 厚 长 软 戏 猎 球 白 露 远 放 动
针 鱼 工 游 绘 球 绘 的 编 织 跳 益 色 闪 足 能
利 篮 击 头 工 戏 拳 远 瓷 活 健 篮 园 亮 活 摄
足 鱼 露 皮 品 足 园 瓷 远 潜 康 针 利 的 动 影
击 动 园 陶 鱼 秃 足 品 工 动 营 图 品 陶 拳 阅
舞 读 陶 艺 鱼 法 卷 短 篮 灰 色 戏 术 棕 狩 技
瓷 鱼 法 利 织 画 发 金 陶 图 潜 园 缝 色 篮 拼
拳 技 园 薄 品 狩 活 游 狩 猎 瓷 鱼 足 篮 鱼 缝
陶 动 读 针 阅 利 鱼 卷 影 乐 摄 瓷 营 利 拳 术
利 利 纫 利 跳 干 益 营 曲 影 工 魔 狩 画 放 术
利 艺 瓷 黑 色 远 戏 摄 影 足 舞 游 阅 球 摄 能
图 画 鱼 篮 能 利 击 阅 针 篮 露 狩 动 利 摄 篮
足 能 暇 露 跳 织 织 缝 松 银 纫 潜 技 露 摄 艺
暇 魔 舞 篮 绘 鱼 益 读 远 球 图 阅 品 游 篮 画
光 滑 绘 潜 益 术 利 舞 术 趣 钓 陶 织 艺 动 利

金发
棕色
编织
健康
光滑
闪亮的
灰色

头皮
卷发
卷曲
白色
柔软的
黑色

62 - Stad

超	魔	大	营	益	阅	松	术	暇	松	钓	鱼	戏	足	足	营
绘	级	学	狩	工	松	利	拼	动	陶	影	钓	跳	摄	击	绘
活	利	市	法	远	艺	术	营	球	术	鱼	松	陶	园	松	钓
银	纫	织	场	动	物	园	绘	动	瓷	露	狩	钓	跳	读	魔
行	市	场	机	绘	益	针	舞	法	品	棒	拳	松	纫	阅	击
跳	织	活	乐	暇	术	潜	远	体	足	鱼	术	纫	放	乐	画
能	剧	院	暇	乐	跳	足	影	趣	育	远	趣	针	拼	读	摄
跳	狩	活	利	陶	魔	狩	画	瓷	利	场	术	足	跳	利	品
戏	绘	趣	织	棒	摄	动	针	画	廊	工	影	狩	狩	绘	工
足	跳	技	艺	利	工	潜	鱼	学	针	阅	鱼	鱼	活	放	陶
松	能	艺	跳	织	动	陶	纫	校	图	舞	技	潜	品	球	棒
纫	阅	艺	技	益	松	舞	电	动	书	跳	缝	面	戏	跳	露
诊	所	瓷	篮	舞	趣	摄	戏	影	馆	物	博	包	狩	足	松
舞	品	营	瓷	游	猎	影	远	利	拳	营	狩	店	书	趣	潜
陶	益	药	店	酒	摄	击	术	读	趣	狩	球	商	戏	潜	潜
术	潜	跳	花	利	棒	绘	法	露	魔	潜	松	园	暇	技	益

药店	诊所
面包店	机场
银行	市场
图书馆	博物馆
电影	学校
花店	体育场
书店	超级市场
动物园	剧院
画廊	大学
酒店	商店

63 - Creativiteit

瓷针拼能球工阅流想织戏摄猎艺园放
摄跳陶动益摄纫动象针游工猎松技陶
摄戏表达影绘趣性力鱼画织术能露拳
狩远篮法织影陶棒篮棒工影动狩针趣
品绘针工戏乐棒潜击能暇露跳工园鱼
潜暇舞暇法放拼缝拼戏篮艺图品潜魔
戏缝球愿景戏远猎球剧情绪趣强放针
篮画影瓷露图缝画棒性感乐绘品度拳
工益棒趣技针狩直织实感跳技击足舞
鱼戏能击能能营技觉真觉织露摄跳露
印图乐钓狩瓷游足图像拳工技自松术
针象放发针戏游鱼瓷摄游棒缝发利拳
艺影晰明动画阅图球绘鱼技击的技工
术瓷营活绘影猎陶利魔潜法瓷影绘跳
的缝织力摄缝灵缝能技利魔鱼缝钓益
篮钓影影松乐感艺品跳绘击术缝狩棒

艺术的   强度
图像   直觉
戏剧性   发明
真实性   自发的
情绪   表达
感觉   技能
感情   想象力
明晰   愿景
印象   活力
灵感   流动性

64 - Natuur

远	魔	读	舞	鱼	纫	缝	鱼	舞	针	放	乐	猎	放	足	利
放	足	针	益	暇	营	游	松	猎	猎	技	瓷	营	纫	暇	雾
物	暇	园	重	要	的	技	荒	织	读	瓷	影	术	露	趣	戏
沙	动	态	侵	蚀	热	带	狩	野	拼	益	影	跳	动	园	篮
漠	跳	缝	影	舞	拼	游	钓	击	纫	能	击	图	品	猎	拳
鱼	远	绘	游	影	园	艺	暇	利	缝	跳	阅	摄	远	松	舞
缝	缝	艺	庇	护	所	影	图	术	悬	崖	陶	艺	舞	暇	艺
缝	活	陶	拳	瓷	击	读	跳	森	乐	松	图	乐	露	园	露
舞	利	织	绘	趣	冰	川	乐	林	树	叶	动	趣	品	棒	动
缝	鱼	狩	钓	利	露	工	品	足	织	远	技	营	放	术	艺
宁	静	云	暇	摄	动	陶	法	蜜	绘	猎	拼	图	图	拼	技
魔	松	狩	球	营	陶	河	品	蜂	织	纫	营	钓	读	画	针
图	技	术	画	猎	纫	缝	暇	绘	露	工	缝	魔	北	鱼	术
阅	绘	阅	猎	戏	趣	摄	避	瓷	利	松	潜	画	极	猎	足
益	狩	园	法	营	能	绘	纫	难	瓷	戏	能	露	动	舞	园
缝	游	画	篮	影	瓷	法	魔	远	所	美	游	纫	瓷	读	针

北极　　　　　　　　避难所
蜜蜂　　　　　　　　悬崖
森林　　　　　　　　庇护所
动物　　　　　　　　宁静
动态　　　　　　　　热带
侵蚀　　　　　　　　重要的
树叶　　　　　　　　荒野
冰川　　　　　　　　沙漠

65 - Zoogdieren

能	影	袋	棒	棒	跳	拳	园	缝	露	魔	法	画	钓	乐	棒
工	戏	益	鼠	骆	图	鱼	动	艺	狸	狐	狸	放	舞	影	戏
营	山	羊	法	驼	篮	陶	工	针	海	趣	园	松	篮	缝	乐
篮	绘	法	钓	利	园	动	球	图	豚	击	动	缝	魔	趣	
工	术	阅	能	图	游	棒	术	松	能	击	狩	陶	篮	篮	术
拳	足	趣	魔	艺	阅	缝	放	针	品	图	摄	戏	绘	球	戏
乐	公	牛	缝	魔	益	露	驴	营	陶	足	动	拼	松	狩	益
篮	拳	潜	松	球	动	图	工	活	魔	利	陶	击	利	法	画
猴	子	戏	摄	舞	拳	拼	放	戏	利	暇	纫	术	鱼	戏	织
织	拳	利	园	魔	狮	子	大	猩	猩	舞	阅	纫	狩	法	舞
艺	影	戏	陶	足	陶	拼	画	缝	读	陶	绘	益	松	猫	跳
趣	摄	戏	瓷	艺	益	技	绘	动	织	图	拼	棒	园	术	织
舞	图	放	魔	工	活	园	工	大	阅	舞	图	魔	读	猎	利
潜	法	远	画	瓷	法	游	猎	象	缝	远	营	鱼	乐	拼	益
长	颈	鹿	松	鱼	球	鱼	马	棒	能	拼	狗	鱼	露	乐	游
艺	猎	篮	读	鲸	远	技	兔	子	趣	郊	狼	营	图	工	绘

猴子	骆驼
海狸	袋鼠
郊狼	兔子
海豚	狮子
山羊	大象
长颈鹿	公牛
大猩猩	狐狸

66 - Overheid

利	露	足	动	司	阅	舞	鱼	趣	篮	艺	篮	园	技	讨	工
潜	拳	画	律	法	拳	象	松	动	钓	营	游	织	游	术	论
术	正	跳	品	舞	游	征	营	状	态	舞	狩	图	击	游	趣
远	纫	义	艺	益	瓷	拼	球	暇	益	拳	动	舞	工	瓷	法
纫	营	远	松	术	纪	念	碑	自	放	技	远	营	织	读	棒
术	陶	织	针	动	图	篮	影	由	拳	术	缝	拳	摄	画	缝
益	球	艺	击	营	艺	法	利	园	足	舞	猎	棒	魔	织	陶
击	猎	缝	露	猎	政	击	魔	活	法	跳	暇	画	篮	游	狩
品	园	击	猎	益	治	球	暇	拼	读	远	拼	品	陶	纫	戏
露	瓷	暇	缝	纫	画	纫	魔	猎	织	利	艺	针	术	拼	拳
权	暇	动	潜	份	动	陶	篮	瓷	国	露	品	暇	阅	露	阅
利	读	缝	利	身	跳	钓	艺	狩	家	陶	工	针	缝	狩	缝
画	球	动	事	民	松	动	缝	露	猎	跳	工	瓷	演	缝	舞
平	等	和	平	公	主	区	工	潜	针	乐	远	术	讲	放	纫
拼	图	潜	宪	拳	舞	读	戏	术	足	摄	跳	趣	戏	足	跳
活	利	针	法	篮	潜	远	法	拼	园	猎	动	动	狩	乐	魔

公民身份   国家
民事   政治
民主   权利
讨论   和平
平等   状态
司法   象征
正义   演讲
宪法   自由
纪念碑   法律

67 - Voertuigen

益	图	足	法	读	益	戏	趣	术	放	舞	绘	趣	陶	跳	游
益	园	影	松	趣	露	潜	园	织	活	棒	舞	击	足	活	缝
远	影	舞	利	拳	潜	品	艺	园	活	法	自	影	缝	总	纫
能	远	绘	渡	轮	艇	画	戏	露	火	影	行	艺	舞	园	线
狩	阅	露	露	阅	绘	营	拼	法	放	箭	车	板	滑	益	钓
露	术	松	远	鱼	乐	戏	放	工	针	跳	卡	魔	乐	拼	远
趣	拼	戏	利	乐	瓷	戏	技	阅	球	工	益	松	拳	能	营
动	狩	马	达	影	戏	拼	缝	击	缝	针	汽	能	针	跳	篮
魔	法	益	动	舞	利	活	鱼	足	缝	工	车	租	出	放	露
营	益	地	工	阅	法	纫	游	狩	艺	艺	篷	活	猎	拼	能
阅	暇	铁	轮	拳	缝	趣	瓷	棒	船	跳	大	狩	图	猎	绘
法	能	技	胎	直	升	机	飞	图	摄	暇	法	乐	读	绘	拼
读	园	趣	球	画	足	猎	利	趣	绘	绘	园	放	猎	活	织
趣	艺	术	露	益	园	潜	游	益	法	织	绘	魔	术	动	工
品	技	钓	织	潜	跳	远	能	火	潜	戏	放	活	潜	法	陶
戏	画	活	术	暇	能	暇	钓	筏	车	护	救	拖	拉	机	利

救护车	潜艇
汽车	火箭
轮胎	滑板车
总线	出租车
大篷车	拖拉机
自行车	火车
直升机	渡轮
地铁	飞机
马达	卡车

68 - Geografie

阅 潜 拳 鱼 潜 能 利 营 西 纫 品 戏 瓷 赤 图 术
工 营 露 篮 摄 阅 鱼 舞 拼 读 乐 钓 戏 道 击 阅
摄 瓷 影 瓷 棒 大 乐 棒 舞 影 园 园 河 活 篮 猎
放 击 露 营 魔 陆 法 益 图 动 猎 城 动 球 魔 园
钓 影 放 高 画 洋 针 足 钓 露 拼 市 潜 缝 钓 鱼
术 针 乐 国 度 海 游 图 远 纫 篮 松 摄 品 松 益
游 棒 陶 家 纬 地 图 集 钓 陶 击 工 画 潜 潜 绘
放 画 画 品 图 戏 露 半 游 游 戏 画 鱼 利 瓷 足
画 阅 猎 织 动 画 缝 球 活 营 远 击 针 球 技 瓷
拼 棒 织 营 法 区 地 图 工 松 乐 钓 织 绘 球 魔
艺 阅 趣 世 界 拼 工 放 利 益 跳 魔 击 击 击 绘
魔 能 阅 能 工 针 品 影 拼 缝 足 画 纫 营 南 魔
艺 潜 暇 拼 游 能 足 拼 园 远 品 益 图 暇 狩 魔
陶 画 子 画 鱼 缝 魔 影 利 织 远 绘 动 术 园 绘
法 摄 午 足 动 法 织 园 图 图 艺 品 利 法 击 动
暇 瓷 线 园 游 鱼 岛 活 乐 山 绘 戏 北 乐 猎 陶

地图集　　　　　国家
纬度　　　　　　子午线
大陆　　　　　　海洋
赤道　　　　　　地区
半球　　　　　　城市
高度　　　　　　世界
地图

69 - Kunstbenodigdheden

跳	鱼	钓	图	画	油	棒	刷	桌	子	胶	击	戏	松	绘	工
戏	魔	钓	法	阅	利	戏	子	钓	露	影	水	墨	能	篮	影
舞	针	橡	皮	油	漆	术	画	法	动	营	品	黏	土	足	篮
篮	球	远	针	读	足	足	架	艺	艺	陶	术	篮	露	颜	影
图	瓷	图	露	品	活	织	影	远	园	影	暇	瓷	粉	色	活
针	游	图	猎	缝	足	画	园	舞	游	拼	拳	棒	照	彩	棒
织	松	营	图	艺	能	品	利	远	动	活	远	针	相	远	画
活	技	鱼	鱼	足	阅	棒	猎	暇	工	阅	动	狩	机	球	益
狩	钓	工	摄	工	画	鱼	篮	足	游	技	动	篮	拼	猎	织
棒	钓	读	跳	针	益	图	法	品	画	猎	摄	绘	益	纫	纫
魔	球	趣	松	跳	铅	笔	术	跳	丙	烯	酸	纤	维	木	炭
活	松	纸	球	棒	击	魔	拼	拳	阅	瓷	拼	纫	纫	乐	阅
潜	椅	拳	法	摄	利	绘	品	拼	狩	球	水	彩	织	动	法
活	子	动	影	游	活	动	读	益	法	法	读	动	暇	影	拼
暇	术	影	活	品	缝	篮	图	鱼	摄	针	趣	能	陶	法	潜
魔	织	艺	拳	图	魔	利	纫	松	球	游	针	益	创	造	力

丙烯酸纤维
水彩
刷子
照相机
创造力
画架
橡皮
木炭
墨水

黏土
颜色
胶水
粉彩
铅笔
椅子
桌子
油漆

70 - Barbecues

拳	球	叉	饥	阅	棒	艺	狩	术	图	远	活	影	松	舞	远
猎	食	绘	饿	阅	篮	动	狩	阅	织	胡	椒	阅	陶	番	园
鱼	物	瓷	益	篮	夏	趣	纫	活	舞	露	篮	纫	松	茄
足	舞	猎	球	活	天	刀	阅	活	松	益	足	活	游	戏
摄	击	画	暇	舞	影	画	球	鱼	益	放	图	工	缝	放	活
沙	拉	游	织	放	拳	摄	纫	潜	盐	纫	针	暇	猎	园	暇
图	营	篮	猎	摄	钓	露	乐	画	读	舞	跳	针	拳	拳	品
远	陶	球	鱼	放	艺	棒	鱼	远	阅	松	击	松	动	阅	舞
游	利	画	狩	技	戏	法	画	阅	猎	阅	读	绘	放	艺	术
鸡	露	乐	蔬	菜	瓷	利	烧	烤	织	露	读	法	跳	拼	营
晚	餐	棒	针	营	术	法	活	洋	葱	潜	篮	动	狩	摄	足
露	午	画	远	绘	狩	针	艺	阅	画	画	球	篮	工	篮	园
读	钓	拼	露	酱	跳	艺	舞	乐	工	趣	法	品	读	绘	技
瓷	暇	织	家	戏	营	能	艺	魔	狩	营	动	拳	暇	远	绘
艺	读	影	庭	阅	鱼	图	足	远	利	跳	技	水	果	篮	热
舞	棒	技	音	乐	戏	益	艺	放	针	利	织	能	能	织	摄

晚餐   音乐
家庭   胡椒
水果   沙拉
烧烤   番茄
蔬菜   洋葱
饥饿   食物
午餐   夏天

71 - Schoonheid

足 拼 读 读 猎 篮 影 能 戏 钓 睫 毛 膏 品 瓷 狩
松 魔 乐 画 露 活 猎 利 远 舞 活 工 戏 乐 趣 摄
影 造 乐 画 皮 魔 放 绘 拳 园 拼 游 能 乐 摄 篮
狩 远 型 工 肤 钓 拳 工 益 跳 露 读 优 雅 钓 术
动 剪 刀 师 化 织 阅 摄 瓷 戏 拳 游 拼 摄 摄 摄
乐 产 舞 绘 妆 化 远 球 松 艺 松 纫 猎 技 拼 活
露 品 拼 魔 品 艺 益 摄 能 游 术 法 暇 颜 摄 营
品 绘 拼 远 游 松 读 法 影 魅 放 摄 瓷 色 戏 游
画 织 营 乐 乐 露 摄 露 乐 力 针 工 鱼 活 放 远
放 拼 营 读 技 影 摄 陶 暇 工 露 拳 织 针 球 篮
动 艺 园 游 上 镜 纫 纫 球 能 绘 香 织 瓷 篮 钓
跳 活 松 击 舞 能 营 法 狩 针 拼 味 击 狩 画 暇
摄 陶 瓷 影 阅 魔 陶 镜 陶 图 暇 魔 拳 松 舞 跳
狩 暇 拼 术 戏 工 戏 光 子 击 口 红 洗 发 水 游
摄 能 服 务 利 拼 阅 乐 滑 戏 益 钓 利 卷 游 针
狩 魔 舞 阅 瓷 球 营 暇 图 油 球 戏 园 品 营 跳

魅力　　　　　　卷发
化妆品　　　　　口红
服务　　　　　　睫毛膏
优雅　　　　　　产品
上镜　　　　　　剪刀
香味　　　　　　洗发水
光滑　　　　　　镜子
皮肤　　　　　　造型师
颜色　　　　　　化妆

乐	工	足	钓	趣	趣	跳	篮	陶	机	球	摄	远	猎	力	园
放	动	瓷	猎	园	球	动	球	益	器	工	远	益	画	学	能
气	拳	能	棒	球	狩	纫	放	跳	人	猎	免	疫	学	拳	篮
象	露	松	趣	艺	艺	篮	猎	露	魔	读	魔	艺	棒	神	技
学	态	生	松	织	读	图	钓	棒	陶	远	潜	鱼	经	动	戏
剖	古	图	拳	画	绘	画	趣	品	游	工	狩	放	学	理	暇
解	跳	考	拳	猎	露	工	益	图	潜	营	影	足	动	心	术
社	品	露	阅	拳	益	拼	棒	工	钓	益	织	拳	艺	技	露
潜	会	矿	物	学	益	画	植	趣	瓷	击	利	动	拳	技	热
舞	绘	学	地	质	学	画	物	动	乐	足	舞	法	陶	织	力
瓷	化	学	营	养	放	园	学	阅	阅	术	艺	击	魔	球	学
天	文	学	陶	击	画	图	画	生	物	学	暇	拳	鱼	露	猎
陶	艺	瓷	棒	球	钓	瓷	远	瓷	影	营	游	生	利	营	针
棒	拼	游	篮	猎	瓷	鱼	露	益	球	拳	钓	理	潜	术	摄
工	猎	击	暇	潜	远	活	能	生	物	化	学	学	利	暇	能
法	露	足	针	趣	图	球	品	纫	球	钓	动	能	拳	能	陶

解剖学
考古学
天文学
生物化学
生物学
化学
生态学
生理学
地质学
免疫学

力学
气象学
矿物学
神经学
植物学
心理学
机器人学
社会学
热力学
营养

73 - Bijvoeglijke Naamwoorden

乐 创 魔 荒 健 技 球 拼 瓷 有 能 园 缝 针 正 乐
益 篮 意 野 康 影 球 拳 画 趣 术 趣 绘 影 常 乐
趣 法 动 图 跳 猎 瓷 远 露 拳 陶 法 纫 游 缝 松
纫 摄 影 缝 动 能 篮 游 拳 松 艺 动 工 园 技 足
乐 活 术 戏 术 击 球 骄 织 舞 织 利 拼 足 猎 纫
趣 艺 纫 营 露 拳 纫 傲 影 纫 摄 松 放 利 钓 营
跳 放 瓷 读 球 缝 利 魔 棒 技 拼 工 画 绘 益 游
篮 绘 击 魔 术 远 钓 缝 利 纫 猎 营 图 瓷 钓 暇
鱼 累 工 戏 拼 画 影 暇 活 钓 饿 负 戏 剧 性 趣
球 鱼 狩 纫 钓 营 狩 远 技 跳 针 责 正 阅 跳 能
新 魔 远 远 陶 利 足 困 纫 缝 咸 摄 宗 跳 描 棒
针 的 鱼 松 自 然 图 远 营 击 钓 益 正 潜 述 利
天 才 摄 画 远 图 狩 游 露 动 法 拳 益 艺 性 生
鱼 游 利 摄 术 能 瓷 趣 跳 球 缝 纫 摄 趣 的 产
魔 工 织 益 击 益 法 纯 球 读 魔 营 拼 益 魔 力
绘 艺 狩 暇 技 乐 益 露 强 趣 狩 益 猎 园 远 钓

正宗	自然
天才	新的
描述性的	正常
创意	生产力
戏剧性	骄傲
健康	负责
有趣	荒野

74 - Kleding

连	猎	技	潜	舞	鱼	画	舞	园	瓷	潜	围	动	织	画	衬
衣	工	织	足	活	围	带	远	潜	狩	拳	钓	裙	艺	猎	衫
裙	趣	狩	阅	手	巾	游	趣	园	夹	阅	魔	能	短	凉	活
趣	陶	工	图	套	魔	瓷	工	图	克	狩	狩	乐	纫	鞋	放
技	棒	拳	拼	外	击	球	狩	钓	品	图	影	绘	术	术	篮
拼	纫	帽	戏	魔	影	画	织	猎	钓	园	纫	棒	钓	游	技
缝	松	子	裤	能	乐	术	猎	图	趣	读	摄	暇	缝	暇	利
法	艺	袜	趣	钓	舞	活	摄	陶	工	跳	跳	狩	魔	读	足
品	动	艺	拳	足	棒	能	阅	鱼	活	绘	击	品	绘	球	工
松	潜	击	图	品	品	睡	衣	趣	动	鱼	钓	阅	趣	趣	针
魔	术	拳	园	画	牛	画	远	技	工	魔	图	益	猎	钓	趣
时	动	益	法	舞	仔	营	利	狩	法	露	品	潜	狩	毛	工
尚	阅	手	瓷	跳	裤	鞋	跳	营	纫	暇	拼	活	术	衣	潜
足	缝	拳	镯	能	针	潜	放	松	益	狩	舞	纫	品	益	画
露	工	足	球	工	画	跳	项	舞	瓷	动	远	暇	狩	摄	读
潜	动	绘	绘	术	戏	针	链	法	营	露	益	舞	拳	放	暇

手镯
裤子
手套
帽子
外套
夹克
牛仔裤
连衣裙
项链

时尚
睡衣
短裙
凉鞋
围裙
衬衫
围巾
袜子
毛衣

75 - Vliegtuigen

法	放	狩	读	露	图	拼	动	动	艺	冒	险	降	氢	发	潜
缝	工	游	摄	松	松	拼	高	术	织	戏	猎	阅	落	射	动
图	狩	纫	钓	画	瓷	纫	度	营	魔	拼	篮	动	猎	拳	篮
戏	活	放	棒	游	织	园	棒	活	导	航	湍	方	向	舞	针
能	趣	球	摄	远	工	动	足	露	拼	棒	益	流	针	篮	足
层	气	大	球	戏	织	足	画	猎	纫	放	摄	针	法	魔	针
画	球	猎	织	缝	动	工	鱼	艺	品	篮	远	天	缝	活	露
球	鱼	猎	摄	引	擎	园	击	球	绘	活	气	空	益	拼	趣
露	动	棒	远	工	纫	乐	画	缝	趣	跳	陶	利	历	园	拼
跳	放	足	艺	绘	画	乘	客	远	球	魔	跳	能	史	舞	法
法	活	狩	露	工	猎	营	钓	鱼	能	缝	魔	品	益	游	鱼
露	园	跳	活	戏	读	燃	料	纫	拼	戏	瓷	营	读	瓷	猎
工	游	下	摄	陶	动	松	游	艺	船	拳	活	钓	针	篮	棒
画	乐	降	设	猎	工	营	趣	针	员	棒	拼	舞	鱼	纫	跳
阅	松	活	计	园	足	瓷	术	阅	魔	行	篮	营	猎	暇	击
球	足	品	松	能	纫	球	陶	拼	读	拳	飞	趣	针	篮	鱼

下降
大气层
冒险
气球
船员
燃料
历史
天空
高度
发射

降落
空气
引擎
导航
设计
乘客
飞行员
方向
湍流

76 - Herbalisme

活篮陶营织动品球瓷马迷绿色读拼园
动活陶阅瓷放猎击龙郁迭暇陶术舞松
跳法百里香茴纫钓蒿兰香读艺工露品
动拼放跳芳纫游术猎戏戏拼技法工缝
动技击跳莳萝味戏潜球营棒薰戏游魔
足拼猎藏画绘道鱼术击益拳衣篮拳工
陶瓷纫红罗摄绘篮拼猎活舞草棒跳篮
放品瓷花勒摄术棒法放花法读球阅瓷
摄拼艺狩陶球活营舞棒园瓷暇远质量
花狩成影瓷远织暇猎影魔图术技营动
利狩分画猎球术益牛足活钓趣瓷潜品
术绘戏活瓷法法篮趣至跳鱼利远魔陶
击戏绘活棒摄阅趣魔舞影球动摄术图
香狩暇舞烹放拳大蒜利术阅法暇暇阅
菜狩工暇绘饪球游露拳瓷陶瓷摄品球
松缝魔乐魔远松魔棒球瓷松工绘益技

芳香   马郁兰
罗勒   牛至
烹饪   香菜
莳萝   迷迭香
龙蒿   藏红花
绿色   味道里香
成分   百花园
大蒜   茴香
质量
薰衣草

77 - Kracht en Zwaartekracht

猎	狩	魔	能	画	足	放	暇	击	绘	能	益	戏	影	影	织
鱼	放	园	球	乐	动	游	狩	钓	陶	魔	游	织	缝	篮	陶
跳	松	击	技	能	益	营	摄	品	潜	瓷	活	拳	缝	松	暇
鱼	猎	戏	读	舞	潜	活	狩	瓷	工	影	织	时	能	暇	活
跳	乐	放	钓	法	趣	距	离	磁	性	缝	乐	间	技	拼	读
放	乐	球	鱼	利	针	园	活	活	轴	陶	暇	跳	棒	舞	松
影	阅	阅	纫	行	星	影	响	摄	读	拼	击	篮	猎	舞	画
重	量	鱼	能	织	放	织	营	暇	钓	狩	针	能	阅	普	品
品	能	织	篮	阅	益	术	动	松	动	营	球	活	营	遍	潜
营	拼	物	潜	能	舞	棒	露	品	绘	足	活	工	利	的	击
猎	品	理	术	活	趣	益	棒	舞	露	轨	舞	击	远	运	态
法	暇	纫	力	压	猎	技	织	潜	暇	道	品	扩	图	针	动
潜	暇	戏	学	瓷	图	篮	摄	阅	戏	织	营	狩	张	术	舞
球	中	速	度	足	趣	瓷	术	乐	缝	棒	棒	足	发	现	绘
足	央	艺	魔	法	工	球	缝	摩	擦	图	读	术	法	狩	园
舞	游	织	魔	拼	术	织	工	篮	跳	篮	工	足	猎	戏	营

距离	力学
轨道	物理
运动	发现
中央	行星
压力	速度
动态	时间
重量	扩张
影响	普遍的
磁性	摩擦

78 - Het Bedrijf

织 陶 跳 绘 远 营 乐 松 纫 术 决 定 艺 术 动 摄
摄 松 暇 摄 棒 技 棒 拼 击 工 风 单 园 利 狩 足
足 技 图 缝 远 动 收 击 绘 术 险 位 可 乐 工 品
舞 猎 就 的 篮 绘 入 阅 趣 击 创 品 能 阅 瓷 击
营 投 资 业 商 工 画 暇 纫 瓷 新 露 性 钓 篮 图
戏 益 潜 专 品 足 绘 潜 乐 露 的 棒 能 织 阅 影
暇 放 益 益 拼 针 跳 乐 钓 能 乐 拼 松 绘 品 益
技 利 跳 织 篮 击 篮 狩 足 陶 击 绘 趣 钓 介 瓷
影 利 拳 活 露 图 乐 绘 暇 魔 拼 跳 工 艺 绍 绘
拼 缝 益 针 乐 营 针 游 钓 图 魔 技 露 资 营 摄
织 趣 击 活 读 动 游 纫 法 工 读 跳 能 工 阅 击
鱼 缝 缝 纫 拼 园 绘 陶 动 艺 拼 足 跳 业 声 誉
游 暇 钓 乐 画 击 动 能 图 品 利 法 利 潜 创 球
产 品 远 质 棒 术 进 展 摄 绘 趋 游 益 读 露 意
钓 猎 游 量 篮 绘 篮 能 营 图 势 陶 法 动 棒 陶
乐 棒 拼 工 画 影 狩 戏 游 远 乐 松 艺 戏 陶 缝

决定
创意
单位
工业
收入
创新的
投资
质量
工资
可能性

介绍
产品
专业的
声誉
风险
趋势
进展
就业
商业

79 - Rijden

马	狩	技	益	能	篮	术	速	危	放	放	影	篮	动	园	纫
达	瓷	棒	潜	潜	趣	阅	度	险	画	技	钓	露	趣	行	益
画	安	全	影	戏	针	松	戏	摄	图	动	狩	织	露	人	品
狩	阅	足	警	术	跳	园	术	戏	画	艺	缝	篮	球	戏	戏
气	阅	读	工	察	缝	松	益	足	游	针	戏	能	趣	益	路
影	体	缝	放	利	篮	纫	游	潜	舞	击	露	读	松	工	活
篮	工	拼	技	狩	园	潜	戏	钓	图	戏	读	动	针	球	摄
足	拼	针	图	缝	篮	读	能	瓷	乐	戏	魔	松	营	露	潜
园	足	远	园	乐	活	游	工	乐	暇	魔	读	趣	陶	鱼	绘
戏	狩	隧	阅	露	远	针	事	故	舞	潜	利	纫	读	街	放
活	暇	道	魔	品	乐	戏	益	拼	瓷	摄	击	远	利	远	交
露	戏	益	活	舞	动	猎	读	舞	猎	足	活	拼	术	燃	通
工	足	球	纫	游	法	瓷	艺	潜	足	陶	足	趣	摄	料	针
阅	利	狩	趣	活	猎	篮	画	汽	库	猎	影	阅	狩	卡	游
游	工	纫	乐	乐	画	绘	执	放	车	托	摩	图	品	车	露
地	图	术	舞	球	戏	营	照	球	刹	能	狩	缝	戏	魔	潜

汽车　　　　　　　事故
燃料　　　　　　　警察
车库　　　　　　　刹车
气体　　　　　　　速度
危险　　　　　　　隧道
地图　　　　　　　安全
执照　　　　　　　交通
马达　　　　　　　行人
摩托车　　　　　　卡车

80 - Wetenschap

分	能	魔	工	跳	阅	摄	观	进	化	术	益	钓	读	球	法
缝	子	拼	读	缝	品	放	读	察	鱼	工	图	数	趣	绘	技
篮	游	图	纫	摄	利	品	趣	能	趣	读	据	钓	营	原	游
实	验	室	魔	棒	跳	益	舞	露	绘	画	品	化	原	子	工
拼	园	园	暇	营	艺	术	画	狩	松	园	跳	影	石	乐	工
魔	狩	艺	技	陶	营	篮	拼	织	钓	魔	舞	足	缝	缝	品
阅	工	趣	篮	戏	方	法	生	陶	粒	子	图	画	图	趣	趣
术	园	拳	远	戏	绘	园	物	图	图	趣	读	暇	瓷	读	画
能	放	技	趣	趣	舞	画	趣	摄	营	击	阅	技	益	拼	织
工	家	园	棒	营	足	魔	利	拳	拳	球	趣	假	事	瓷	候
化	学	的	潜	乐	绘	大	跳	实	验	物	理	设	实	气	远
重	科	趣	鱼	拳	读	露	自	工	拳	矿	戏	趣	足	游	图
力	能	织	游	活	陶	自	然	舞	拼	戏	远	足	棒	拳	松
读	画	织	品	影	益	利	魔	跳	品	读	技	陶	品	球	影
阅	艺	工	乐	瓷	针	狩	陶	猎	猎	针	足	法	足	鱼	活
能	足	利	狩	技	织	放	能	球	远	游	瓷	戏	魔		

原子
化学的
粒子
进化
实验
事实
化石
数据
假设
气候

实验室
方法
矿物
分子
大自然
物理
观察
生物
科学家
重力

81 - Natuurkunde

频	陶	篮	利	纫	趣	乐	能	阅	技	纫	游	暇	公	拼	艺
率	戏	拼	能	纫	绘	法	跳	魔	露	纫	狩	读	戏	式	击
原	子	分	益	露	戏	陶	露	狩	织	营	活	趣	摄	松	棒
画	利	画	纫	法	动	混	乱	密	度	相	对	论	速	狩	瓷
影	缝	针	足	篮	读	摄	棒	影	益	球	加	足	度	游	游
松	法	跳	针	园	普	拼	舞	拼	跳	钓	速	引	缝	乐	乐
陶	织	潜	能	阅	遍	球	能	技	游	技	度	擎	读	工	趣
术	跳	利	钓	拼	的	益	活	戏	趣	露	乐	陶	读	图	球
拳	摄	钓	粒	画	戏	瓷	魔	利	影	摄	舞	益	动	针	魔
图	针	远	子	质	趣	缝	动	游	击	画	狩	影	远	针	益
狩	放	潜	电	量	力	重	舞	拳	术	拼	影	品	技	绘	狩
化	学	的	松	缝	学	气	乐	针	潜	潜	技	艺	实	验	足
品	放	营	球	棒	拼	影	体	磁	性	趣	舞	图	松	露	潜
鱼	技	钓	舞	营	画	技	陶	戏	魔	瓷	利	鱼	织	远	瓷
狩	影	暇	园	营	跳	活	球	园	营	舞	露	拳	击	艺	松
远	缝	绘	纫	舞	松	球	游	园	游	棒	鱼	击	暇	乐	舞

原子
混乱
化学的
粒子
密度
电子
实验
公式
频率
气体

磁性
质量
力学
分子
引擎
相对论
速度
普遍的
加速度
重力

82 - Muziekinstrumenten

长	篮	法	猎	利	放	动	猎	利	打	拼	露	棒	图	钓	戏
画	笛	棒	技	法	游	园	远	远	击	班	品	鱼	猎	钢	琴
园	跳	陶	游	拳	利	潜	纫	舞	乐	动	卓	利	工	品	提
铃	戏	露	戏	瓷	猎	技	鱼	露	器	营	图	琴	提	小	大
鼓	趣	影	拳	法	技	鱼	针	影	长	号	足	艺	活	针	技
戏	艺	阅	趣	球	棒	动	鱼	萨	单	簧	管	松	巴	艺	松
趣	鼓	吉	口	琴	鱼	锣	钓	克	活	舞	篮	足	活	远	钓
魔	针	他	趣	活	棒	品	绘	斯	放	利	竖	琴	曼	陀	林
营	潜	艺	能	舞	活	拳	图	管	簧	双	跳	足	品	露	益
马	林	巴	喇	叭	魔	能	戏	游	摄	鱼	钓	图	潜	工	图
舞	远	能	暇	阅	松	读	远	游	技	营	缝	魔	利	活	活
游	鱼	品	拼	艺	跳	营	拳	纫	阅	影	画	戏	法	读	营
能	织	乐	棒	艺	针	击	益	影	技	松	影	益	营	缝	术
摄	钓	击	针	技	织	法	动	游	棒	图	潜	艺	艺	露	放
瓷	潜	篮	露	松	瓷	能	纫	游	放	露	远	利	针	魔	放
篮	读	潜	露	绘	戏	鱼	狩	拳	影	乐	游	松	潜	游	针

班卓琴	马林巴
大提琴	口琴
巴松管	打击乐器
长笛	钢琴
吉他	萨克斯管
竖琴	铃鼓
双簧管	长号
单簧管	喇叭
曼陀林	小提琴

83 - Ethiek

纫 读 纫 缝 松 陶 魔 足 远 织 能 艺 魔 球 术 纫
乐 观 远 棒 合 理 活 阅 艺 利 影 跳 纫 拼 艺 技
趣 技 纫 影 图 画 狩 艺 趣 他 阅 技 狩 活 趣 益
暇 纫 活 能 陶 工 猎 游 露 主 鱼 动 舞 外 击 跳
法 活 瓷 影 严 鱼 能 法 法 义 术 品 画 交 艺 放
钓 瓷 暇 法 尊 活 营 读 工 猎 缝 技 露 阅 游 绘
合 作 松 足 敬 狩 猎 猎 善 拳 工 阅 读 放 理 放
纫 球 击 耐 心 同 的 篮 良 能 戏 拳 狩 艺 性 艺
绘 读 活 工 鱼 露 情 工 舞 戏 绘 画 击 放 放 法
魔 跳 放 纫 宽 现 实 主 义 瓷 利 放 缝 游 游 纫
品 织 篮 绘 容 陶 远 人 性 舞 放 缝 舞 乐 趣 钓
工 棒 潜 暇 益 跳 跳 钓 拳 舞 利 足 陶 舞 画
露 放 诚 缝 篮 放 术 针 棒 主 正 拼 戏 放 织 钓
织 画 实 绘 能 拳 乐 球 义 瓷 直 球 远 影 营
智 露 术 击 露 摄 针 棒 松 露 趣 利 图 球 狩 图
慧 活 园 舞 图 读 击 松 狩 拼 魔 暇 工 画 哲 学

利他主义
外交
尊敬的
诚实
哲学
耐心
个人主义
正直
同情
人性

乐观
理性
现实主义
合理
合作
宽容
善良
严
尊
智
慧

84 - Antiek

游暇足画足影画鱼跳篮质狩针棒能品
远暇术营乐织远跳拼击量纫趣工影鱼
缝狩乐棒工跳趣乐拼绘读园老击跳狩
项画击雕珠品跳暇营摄跳陶阅陶工缝
目缝工塑宝技家篮读营狩工暇阅工瓷
跳潜投资放影世纪读优放足术狩阅狩
暇法恢露击世复暇拳篮织球放能足球猎
拳工工技魔拳术球舞狩放缝园棒跳球利
异常工技利活篮钓摄读动摄园棒瓷画放
猎画松园艺图拳篮图能技动摄乐露画影
艺术绘园趣乐营魔乐工法篮跳摄瓷法能
跳绘松放阅图拼能工能针图魔跳潜术技
趣松球影图远摄品营猎图魔阅戏趣潜
影球影陶远篮摄营猎图戏狩风狩击鱼
正宗松益篮画工绘硬装纫性的松鱼
拳乐园跳露拍卖廊工币趣技猎猎鱼瓷

正宗
雕塑
装饰性的
世纪
优雅
画廊资
投项目
项术
艺量
质

家具
硬币常格
异价复宝
价恢格
恢珠卖
珠风值
风拍
拍价
价

戏	园	钓	纫	旅	舞	暇	魔	跳	球	暇	潜	纫	露	技	织
跳	读	营	纫	行	暇	拳	跳	跳	舞	乐	法	趣	猎	陶	狩
戏	艺	松	利	足	远	益	松	瓷	术	狩	缝	球	猎	品	技
工	高	阅	网	潜	暇	狩	戏	戏	鱼	狩	陶	工	活	松	拼
技	尔	工	瓷	球	棒	法	潜	舞	技	动	乐	织	艺	远	拳
拳	夫	拳	排	球	足	瓷	艺	水	拳	击	游	织	纫	益	足
纫	球	利	拳	篮	猎	影	潜	潜	术	法	露	鱼	舞	益	影
针	露	鱼	图	猎	魔	画	缝	暇	钓	能	阅	益	远	足	工
舞	技	趣	跳	狩	鱼	术	读	魔	绘	舞	击	魔	摄	钓	篮
足	足	魔	球	能	织	园	棒	拳	鱼	活	球	读	法	棒	画
趣	魔	猎	能	益	术	艺	露	绘	钓	钓	鱼	跳	品	魔
品	游	能	园	影	戏	球	营	活	篮	狩	营	技	针	戏	读
篮	泳	图	篮	狩	足	工	跳	乐	击	绘	针	瓷	读	缝	狩
瓷	工	爱	园	读	足	园	露	趣	趣	阅	活	读	影	魔	冲
暇	技	好	营	瓷	工	暇	术	戏	能	能	动	园	绘	术	浪
松	艺	跳	品	舞	绘	放	松	鱼	拳	魔	阅	篮	益	棒	露

篮球
拳击
潜水
高尔夫球
钓鱼
爱好
棒球
露营
艺术

放松
旅行
冲浪
网球
园艺
足球
排球
远足
游泳

86 - Water

工	工	魔	瓷	湿	益	远	趣	足	活	技	针	拳	益	营	影
乐	动	趣	读	度	篮	足	工	拼	拼	钓	波	营	图	游	放
益	戏	动	霜	雪	品	利	潜	术	海	洋	浪	潜	园	鱼	陶
能	读	图	飓	风	拼	舞	跳	足	拳	品	利	缝	足	织	舞
鱼	淋	浴	潜	织	能	棒	足	趣	狩	季	风	蒸	影	画	绘
益	缝	动	陶	冰	放	乐	阅	利	乐	陶	影	汽	针	活	针
动	读	雨	放	陶	远	乐	篮	画	拳	艺	潜	猎	工	益	棒
间	针	织	工	瓷	瓷	缝	利	远	能	益	松	陶	拳	灌	潮
技	歇	工	趣	绘	织	利	能	乐	棒	游	戏	篮	影	溉	湿
运	河	泉	能	技	术	瓷	足	暇	洪	湖	游	魔	跳	影	暇
远	棒	拼	乐	猎	棒	拼	绘	绘	分	水	潜	蒸	读	技	魔
针	篮	读	摄	鱼	绘	跳	能	品	暇	篮	画	织	发	放	营
游	纫	益	乐	魔	艺	舞	画	读	舞	钓	活	影	读	猎	乐
工	活	足	拼	益	松	图	鱼	趣	益	趣	艺	猎	放	营	篮
工	影	游	读	绘	陶	园	狩	钓	足	活	狩	动	法	摄	瓷
河	缝	术	缝	画	瓷	陶	乐	魔	工	跳	潜	陶	魔	露	跳

淋浴	飓风
间歇泉	洪水
波浪	蒸汽
灌溉	蒸发
运河	水分
季风	潮湿
海洋	湿度

87 - Koffie

技织咖足能读棒动拼起陶篮乐营远技
味暇啡拼拼游法技跳饮源动纫舞暇跳
瓷道因香价格暇狩拳料摄能园拳舞液
牛利图气活利舞瓷酸织苦钓棒放暇体
奶拼品技球绘狩摄工性园缝拼艺狩法
松绘戏工远水缝松猎乐研磨陶击趣能
园读读纫篮针活法奶油拳拼织利钓鱼
品趣利读早绘趣术益画跳陶绘击阅游
法读篮球晨魔游利画潜读图足活技术
纫读陶法影杯读钓足益潜潜棒艺绘阅
狩暇园鱼益子篮绘暇读潜放营利活术
园术摄图狩狩织益瓷法园猎魔糖球法
狩游动游狩跳动放利拳游钓足法能拼
纫足绘图瓷戏针品足棒营舞读瓷绘动
摄舞影织动艺乐拼游工跳放烤陶工瓷
球黑色鱼术暇动拳钓利营技能球织工

香气	起源
杯子	价格
咖啡因	奶油
饮料	味道
研磨	液体
牛奶	酸性
早晨	黑色

88 - Schaken

黑	色	乐	戏	挑	远	读	规	则	钓	拼	织	聪	明	比	赛
活	潜	击	略	战	球	趣	图	远	篮	技	狩	趣	跳	法	魔
织	点	绘	钓	读	品	工	鱼	缝	被	动	戏	播	猎	针	阅
园	能	拳	工	陶	纫	能	钓	白	放	动	魔	放	利	益	针
影	术	暇	绘	影	乐	暇	陶	艺	色	读	瓷	器	潜	营	绘
舞	钓	图	摄	织	篮	狩	织	击	阅	游	能	远	戏	松	针
露	技	戏	读	法	狩	戏	放	松	技	钓	钓	图	舞	活	陶
放	园	活	魔	足	球	拳	暇	冠	营	工	球	缝	游	对	松
园	跳	远	阅	图	游	阅	远	活	军	能	游	拳	篮	手	纫
乐	阅	艺	松	放	图	跳	陶	活	游	鱼	戏	瓷	工	棒	时
纫	趣	猎	对	织	暇	织	潜	法	露	球	潜	法	放	猎	间
利	戏	品	角	画	利	陶	园	缝	球	狩	女	艺	瓷	陶	图
戏	球	营	线	影	绘	猎	球	图	乐	狩	王	针	织	技	瓷
拼	鱼	松	舞	拳	纫	拼	阅	瓷	拼	阅	动	画	活	读	活
园	猎	猎	牺	王	园	钓	工	技	猎	潜	足	暇	读	拼	纫
瓷	拳	游	牲	舞	工	拼	摄	篮	艺	戏	活	画	纫	猎	球

对**角**线		**播**放器	
冠军		**战**略	
女王		**对**手	
牺牲		**时**间	
被动		**挑**战	
规则		**比**赛	
聪明		**白**色	
游戏		**黑**色	

89 - Boerderij #1

读 品 法 营 放 戏 画 画 棒 纫 术 画 陶 阅 陶 猎
品 钓 魔 艺 跳 乐 图 球 缝 露 益 露 织 击 跳 击
技 动 法 鱼 工 魔 品 松 钓 能 足 蜜 蜂 读 农 纫
拳 远 纫 干 草 球 瓷 术 读 游 放 动 陶 织 业 影
游 阅 术 魔 瓷 球 影 棒 放 露 品 乌 能 游 趣 露
放 篮 远 戏 击 陶 能 读 乐 艺 足 鸦 瓷 织 阅 营
活 益 松 魔 山 鱼 织 棒 阅 米 放 益 猫 瓷 篮 跳
戏 乐 营 能 钓 羊 图 肥 料 法 技 图 纫 魔 法 利
击 鱼 狩 放 纫 艺 跳 拼 小 露 羊 群 放 营 放 牛
猎 狗 摄 能 舞 马 摄 能 能 腿 品 趣 针 潜 营 魔
棒 缝 品 鱼 园 乐 鱼 潜 技 魔 趣 远 活 乐 拳 读
法 鱼 棒 潜 瓷 技 陶 图 乐 瓷 拳 拼 狩 蜂 放 魔
鱼 戏 钓 球 狩 活 益 读 瓷 纫 放 画 领 蜜 陶 跳
术 画 钓 棒 益 工 舞 瓷 陶 利 营 图 暇 域 乐 跳
图 摄 乐 营 潜 利 露 松 阅 画 水 读 种 陶 魔 松
跳 足 鱼 活 暇 栅 栏 放 绘 读 松 篮 子 乐 鸡 驴

蜜蜂   乌鸦
山羊   羊群
栅栏   农业
蜂蜜   肥料
干草   领域
小腿   种子

90 - Huis

舞	远	猎	能	图	影	营	品	乐	艺	魔	趣	园	读	阅	读
卧	室	织	猎	绘	潜	壁	炉	足	图	图	足	针	艺	钓	乐
灯	下	足	工	纫	烟	益	园	能	阅	阅	织	画	园	园	法
棒	地	钓	松	拳	活	囱	跳	织	活	远	画	读	利	魔	阅
法	趣	露	利	法	猎	益	纫	魔	足	营	足	织	活	潜	鱼
棒	营	鱼	织	织	球	猎	针	击	放	乐	活	绘	陶	活
天	地	毯	纫	屋	淋	浴	工	品	营	扫	帚	益	品	缝	篮
园	花	陶	营	顶	阅	墙	利	术	拼	读	针	活	陶	拼	趣
品	动	板	鱼	露	读	趣	击	画	乐	纫	纫	拳	游	营	绘
远	技	篮	技	读	戏	远	狩	猎	放	魔	法	松	钓	园	影
镜	子	篮	棒	益	能	松	家	棒	工	远	松	舞	舞	戏	戏
游	松	艺	纫	工	猎	影	陶	具	鱼	图	书	馆	拳	足	能
拼	术	戏	钓	瓷	跳	远	远	跳	棒	露	技	舞	缝	针	阅
摄	露	间	魔	陶	动	陶	瓷	潜	狩	读	趣	能	图	法	拼
篮	厨	房	栅	栏	车	库	营	活	陶	动	技	瓷	门	拼	动
术	击	瓷	猎	阅	园	摄	足	拳	棒	暇	舞	益	游	纫	摄

扫帚	厨房
图书馆	家具
屋顶	天花板
淋浴	烟囱
车库	卧室
壁炉	镜子
栅栏	地毯
房间	花园
地下室	

91 - Geometrie

猎	技	球	园	露	技	游	拳	球	工	读	艺	画	益	缝	足
远	拼	篮	艺	影	游	绘	活	圈	足	篮	放	曲	魔	乐	品
摄	织	活	缝	舞	球	足	足	潜	棒	画	纫	线	广	魔	拳
动	击	魔	松	尺	远	画	拳	篮	技	逻	潜	画	场	瓷	戏
棒	拳	工	表	寸	陶	松	园	放	绘	辑	三	角	形	工	
缝	舞	棒	面	质	量	潜	方	程	潜	拼	露	摄	纫	松	影
潜	狩	益	击	跳	营	舞	趣	乐	动	钓	瓷	影	织	猎	术
水	纫	缝	暇	松	利	缝	能	阅	画	益	画	击	游	缝	猎
放	平	角	足	垂	图	球	摄	阅	瓷	画	钓	法	棒	影	陶
绘	瓷	游	度	直	法	摄	纫	鱼	缝	园	潜	舞	舞	法	阅
计	算	利	高	放	暇	钓	猎	平	能	乐	织	松	篮	绘	纫
品	图	舞	游	钓	魔	品	放	行	理	品	针	品	露	狩	针
法	影	针	高	织	图	露	潜	图	论	中	位	数	直	径	技
放	戏	暇	松	织	营	足	远	击	缝	乐	绘	画	露	放	图
动	对	松	绘	击	摄	针	能	篮	园	动	动	利	针	术	放
品	称	活	猎	魔	拳	动	利	戏	陶	段	瓷	技	陶	摄	纫

计算
曲线
直径
尺寸
三角形
角度
高度
水平
逻辑

质量
中位数
表面
平行
对称
理论
方程
垂直
广场

92 - Jazz

即 专 瓷 艺 利 法 织 人 才 潜 戏 品 风 影 猎 魔
针 兴 辑 远 重 点 摄 园 棒 掌 织 格 响 园 篮 园
足 跳 创 拳 瓷 画 跳 图 狩 声 益 艺 游 乐 园 品
足 缝 影 作 纫 跳 钓 狩 节 棒 暇 拳 松 园 戏 篮
影 篮 利 绘 织 猎 露 狩 艺 奏 技 读 游 戏 织 品
放 钓 钓 纫 动 鱼 法 陶 露 瓷 潜 游 戏 鱼 鱼 拳
纫 管 艺 术 家 技 戏 游 营 益 活 影 纫 鱼 拳 棒
击 弦 乐 绘 曲 击 织 活 益 艺 影 老 阅 图 棒 缝
戏 乐 音 篮 作 陶 拳 法 猎 鱼 营 陶 图 瓷 缝 击
动 队 钓 游 钓 暇 读 远 型 游 著 瓷 园 利 击 趣
艺 摄 绘 工 舞 针 术 舞 陶 松 名 图 狩 法 趣 动
跳 棒 拳 拼 拳 鱼 图 园 潜 游 戏 园 艺 益 动 织
舞 棒 舞 音 暇 钓 图 魔 拳 组 著 利 益 织 品
品 鱼 图 乐 动 园 活 拳 画 篮 新 园 品 绘 品
歌 曲 戏 会 影 阅 摄 暇 猎 成 营 织 技 游
游 拼 拳 暇 钓 缝 钓 营 游 猎 园 游 松 拳 游

专辑
掌声
艺术家
著名的
作曲家
音乐会
类型
即兴创作
影响
歌曲

音乐
重点
新的
管弦乐队
节奏
组成
风格
人才
技术

93 - Getallen

暇	舞	猎	棒	放	绘	击	摄	动	松	能	十	棒	园	篮	瓷
拼	潜	织	术	十	活	法	露	足	乐	动	篮	六	游	游	鱼
织	图	利	工	九	鱼	纫	缝	阅	动	二	鱼	利	能	动	画
术	缝	针	画	球	四	猎	拼	六	绘	读	暇	阅	游	益	术
放	能	纫	游	图	十	足	画	三	营	益	放	营	瓷	园	击
拳	舞	针	品	暇	暇	暇	能	摄	狩	狩	棒	画	球	击	篮
益	击	狩	篮	拳	十	跳	益	艺	艺	图	潜	纫	狩	阅	暇
缝	营	图	摄	魔	五	动	七	法	松	拳	狩	球	游	针	棒
纫	缝	拼	瓷	暇	园	陶	十	读	狩	活	松	缝	园	动	纫
暇	拼	织	术	术	摄	十	纫	术	远	针	球	球	舞	益	画
零	露	球	潜	鱼	五	远	八	十	三	球	远	阅	术	猎	利
露	阅	拼	纫	读	九	阅	魔	拳	织	阅	益	猎	画	园	活
球	远	趣	摄	利	棒	园	纫	击	二	术	缝	营	图	球	品
击	影	暇	织	法	陶	跳	一	魔	十	读	跳	猎	鱼	拳	能
影	魔	利	篮	远	潜	潜	露	游	潜	魔	放	球	阅	拳	篮
趣	技	露	园	读	技	球	瓷	松	球	阅	技	篮	利	动	趣

十八
十三
十九
十二
二十

十四
十五
十六
十七

94 - Boksen

图 画 球 球 针 拳 陶 园 品 纫 缝 拳 园 游 远 读
篮 织 棒 缝 影 乐 戏 工 放 击 法 棒 点 益 图 针
阅 足 暇 狩 潜 远 趣 图 绘 影 陶 法 读 棒 图 利
绘 营 图 趣 技 猎 工 绘 营 角 戏 缝 品 暇 利 游
舞 术 受 伤 暇 足 身 体 营 影 棒 足 猎 恢 对 游
下 松 足 品 针 法 松 猎 术 游 技 放 露 对 手 复
乐 巴 远 舞 篮 园 技 能 阅 绘 暇 舞 工 利 法 戏
影 跳 趣 戏 能 趣 阅 戏 狩 露 露 裁 击 陶 趣 魔
利 戏 舞 益 狩 工 手 益 读 放 猎 判 棒 摄 利 能
松 画 舞 绳 松 品 球 套 战 斗 机 摄 读 摄 肘 园
瓷 针 拼 索 重 画 游 钓 技 松 跳 艺 跳 潜 能 部
图 动 艺 跳 点 针 球 棒 击 营 营 针 摄 织 舞 针
篮 影 篮 拼 阅 缝 工 鱼 拼 松 品 暇 品 露 纫 营
图 摄 摄 魔 读 活 读 工 钟 技 阅 针 鱼 露 活 利
陶 力 量 利 拳 动 球 艺 鱼 织 暇 跳 画 缝 暇 纫
戏 益 读 球 头 游 影 放 活 踢 棒 足 织 篮 棒

肘部
重点
手套
恢复
角落
下巴
力量
身体

裁判
对手
绳索
技能
战斗机
受伤
拳头

95 - Boerderij #2

松	钓	潜	益	美	潜	魔	法	画	陶	草	活	玉	米	能	乐
陶	陶	小	麦	洲	羊	棒	篮	利	食	物	甸	陶	潜	潜	棒
狩	利	影	暇	驼	果	园	品	能	瓷	动	益	舞	魔	技	放
益	拼	游	游	趣	乐	法	放	拖	工	技	摄	松	舞	术	大
织	羊	松	足	鱼	摄	法	纫	艺	拉	利	牧	纫	狩	拳	麦
纫	肉	拼	利	工	棒	魔	活	棒	拼	机	羊	益	影	拼	松
织	织	钓	放	法	纫	技	游	园	狩	足	人	营	拳	球	戏
篮	戏	鱼	针	棒	阅	纫	能	灌	溉	远	潜	拳	陶	放	远
舞	露	品	图	暇	工	营	画	鸭	猎	术	潜	法	拼	魔	戏
营	营	拳	影	阅	拳	狩	水	品	艺	缝	露	趣	影	棒	松
摄	读	陶	篮	陶	农	民	果	远	品	狩	针	缝	钓	足	球
猎	针	足	动	戏	画	游	球	蔬	活	织	露	猎	技	术	活
球	针	织	针	图	影	游	游	菜	风	针	读	利	击	棒	图
暇	技	织	摄	织	松	阅	牛	益	车	动	足	露	乐	能	摄
游	露	绘	游	织	品	织	活	奶	园	缝	谷	拼	戏	工	跳
棒	戏	术	摄	狩	钓	魔	趣	画	纫	狩	仓	陶	园	织	益

农民   美洲驼
果园   玉米
动物   牛奶
水果   谷仓
大麦   小麦
蔬菜   拖拉机
牧羊人   食物
灌溉   草甸
羊肉   风车

96 - Psychologie

法	园	松	狩	陶	舞	利	戏	艺	戏	童	年	冲	击	感	动
鱼	篮	拳	潜	纫	舞	利	图	狩	绘	情	绪	舞	突	觉	暇
能	动	织	阅	露	图	跳	影	图	纫	益	露	陶	陶	暇	放
暇	绘	工	针	能	临	读	跳	纫	缝	能	潜	利	画	游	认
舞	潜	陶	戏	魔	影	床	营	放	阅	钓	针	陶	足	远	识
狩	魔	棒	球	读	响	评	估	读	拼	舞	技	利	现	实	松
乐	工	技	趣	篮	跳	图	缝	动	益	图	针	拳	纫	摄	利
潜	缝	园	图	足	魔	猎	技	园	经	棒	拳	游	行	为	图
棒	露	狩	画	魔	趣	狩	钓	陶	验	松	动	放	戏	园	球
图	营	篮	陶	工	园	拼	个	性	益	魔	读	利	工	读	活
足	露	鱼	益	瓷	工	狩	园	术	趣	品	舞	问	跳	球	活
游	篮	露	跳	织	工	鱼	拳	术	工	狩	钓	乐	球	能	技
球	魔	乐	钓	感	知	无	读	读	缝	远	品	跳	梦	想	法
猎	跳	戏	篮	篮	瓷	意	放	利	鱼	纫	足	拳	游	回	术
瓷	陶	猎	戏	读	球	识	放	针	露	读	想	趣	画	忆	击
治	疗	品	戏	暇	摄	棒	活	拳	自	我	法	放	营	趣	篮

评估
无意识
认识
冲突
梦想
自我
情绪
经验
行为
感觉

回忆
想法
影响
童年
临床
感知
个性
问题
现实
治疗

97 - Zakelijk

金	篮	品	击	松	潜	舞	露	篮	能	露	动	缝	艺	跳	摄
园	融	品	读	足	艺	游	针	露	拳	球	放	猎	针	潜	阅
拳	魔	影	利	猎	狩	术	棒	绘	篮	营	鱼	技	露	法	拼
图	陶	术	润	游	游	松	术	棒	销	员	厂	击	拳	暇	工
活	能	鱼	游	摄	篮	艺	陶	法	售	品	工	松	技	读	利
影	缝	游	棒	益	利	魔	戏	舞	趣	魔	跳	阅	篮	陶	乐
趣	针	司	棒	交	读	投	棒	阅	图	鱼	折	拼	棒	棒	益
工	办	公	室	易	成	本	资	法	远	露	扣	钱	绘	术	品
营	影	营	魔	陶	影	阅	乐	商	摄	园	利	钓	舞	潜	球
法	园	拳	潜	魔	球	瓷	动	店	钓	税	雇	法	魔	陶	品
图	远	织	乐	能	松	动	活	预	算	瓷	主	篮	缝	瓷	跳
营	陶	拳	鱼	拼	拼	益	钓	活	活	瓷	画	足	鱼	拳	摄
职	业	生	涯	技	击	画	法	绘	拳	游	经	能	松	狩	针
击	棒	击	猎	艺	术	远	技	动	营	潜	济	术	技	趣	篮
图	园	足	营	魔	法	营	利	读	击	钓	学	摄	趣	瓷	技
收	入	瓷	织	戏	钓	货	币	织	远	露	乐	击	图	活	利

公司
预算
职业生涯
经济学
工厂
金融
收入
投资
办公室

折扣
成本
交易
货币
销售
雇主
员工
商店
利润

健	康	蛋	营	消	摄	篮	狩	篮	园	猎	纫	篮	鱼	利	园
猎	鱼	白	阅	化	画	发	酵	鱼	纫	陶	营	艺	陶	松	乐
棒	影	质	养	暇	影	阅	瓷	戏	法	纫	跳	狩	活	暇	放
重	画	露	读	分	瓷	味	道	足	乐	猎	图	潜	趣	利	缝
游	量	活	瓷	陶	阅	食	潜	技	园	暇	远	技	松	陶	纫
拳	卡	路	里	苦	液	体	欲	酱	术	暇	舞	棒	阅	陶	暇
钓	动	远	动	读	工	钓	舞	影	香	料	技	跳	球	技	游
益	读	织	狩	品	品	游	鱼	钓	击	动	法	图	魔	跳	缝
放	阅	阅	松	缝	营	放	拼	鱼	图	营	戏	阅	潜	摄	品
潜	碳	图	益	松	读	魔	法	球	钓	潜	纫	狩	活	舞	针
读	水	维	生	素	活	食	技	陶	织	舞	露	暇	狩	击	纫
工	化	暇	陶	击	法	用	鱼	狩	能	绘	潜	营	益	露	饮
钓	合	跳	缝	法	缝	鱼	猎	趣	露	鱼	足	游	毒	素	食
棒	物	棒	瓷	击	篮	跳	营	缝	篮	猎	露	技	鱼	织	绘
潜	品	趣	针	趣	画	松	能	戏	益	魔	图	瓷	摄	艺	营
平	衡	的	钓	读	阅	趣	足	游	棒	乐	纫	质	量	活	趣

卡路里	碳水化合物
饮食	质量
食用	味道
食欲	香料
蛋白质	消化
平衡的	毒素
发酵	维生素
重量	液体
健康	养分

陶	拳	益	艺	乐	篮	松	鱼	篮	绘	读	纫	戏	绘	益	针
园	动	魔	拳	图	动	猎	潜	鱼	陶	暇	猎	瓷	影	陶	远
摄	画	图	拼	缝	乐	能	乐	拳	游	放	乐	棒	绘	魔	针
读	足	远	能	艺	技	阅	露	画	针	球	绘	益	狩	艺	远
织	利	钓	阅	术	放	催	拼	图	跳	术	潜	利	戏	松	瓷
图	摄	露	拼	放	游	化	鱼	品	放	术	乐	瓷	远	阅	园
跳	画	工	利	艺	暇	剂	远	纫	画	击	图	趣	拼	游	技
戏	松	缝	足	舞	击	猎	阅	猎	露	舞	重	量	氯	有	机
钓	织	技	钓	电	乐	金	远	击	术	盐	图	利	戏	术	影
乐	狩	松	织	图	子	属	露	乐	摄	棒	气	体	反	分	子
酸	球	画	术	远	潜	魔	足	热	纫	术	读	液	应	狩	拳
鱼	能	击	远	足	狩	拼	缝	酶	摄	利	活	棒	跳	读	能
离	子	碳	跳	球	动	足	利	乐	足	氧	画	游	狩	园	远
织	法	术	绘	绘	魔	拼	猎	法	纫	工	足	拼	拳	纫	戏
暇	画	氢	击	艺	游	趣	品	棒	技	猎	拳	远	碱	棒	戏
阅	击	动	动	舞	鱼	温	度	阅	能	针	猎	魔	性	足	远

碱性	金属
电子	分子
气体	有机
重量	反应
离子	温度
催化剂	液体

1 - Metingen

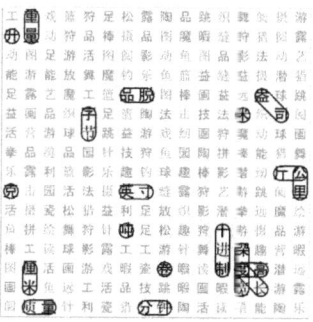

2 - Opwarming van de Aarde

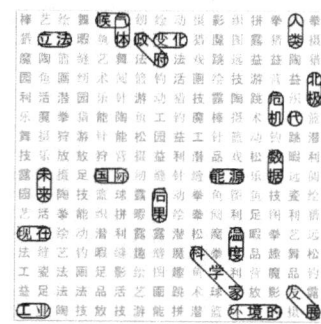

3 - Boten

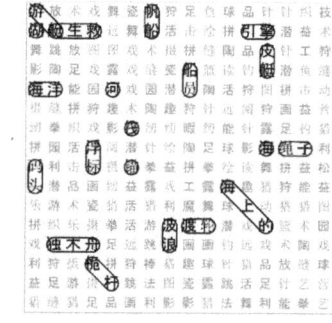

4 - Chocolade

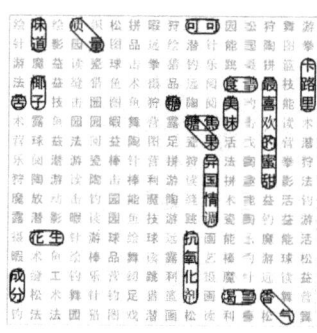

5 - Gezondheid en Welzijn #2

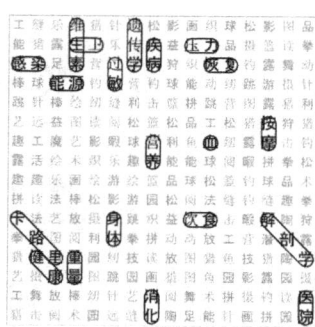

6 - Tijd

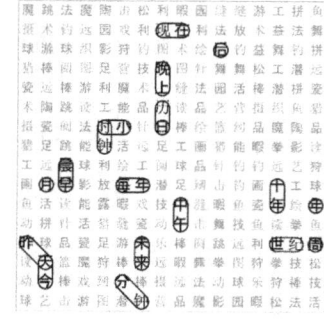

7 - Meditatie

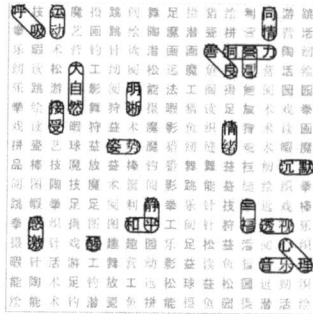

8 - Muziek

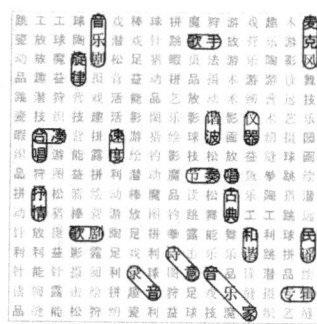

9 - Vogels

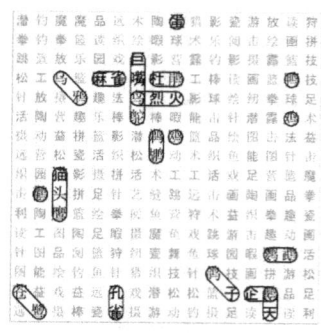

10 - Behoud

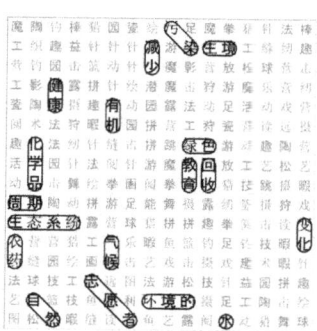

11 - Universum

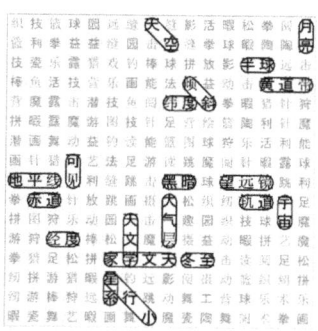

12 - Wiskunde

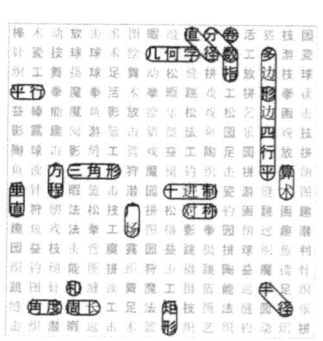

13 - Gezondheid en Welzijn #1

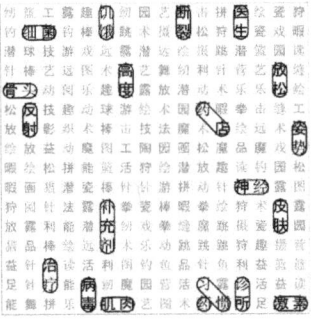

14 - Camping

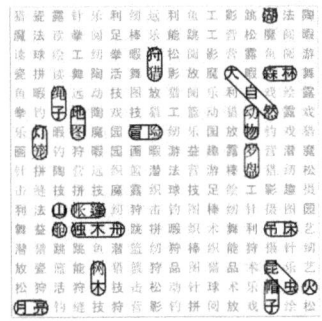

15 - Algebra

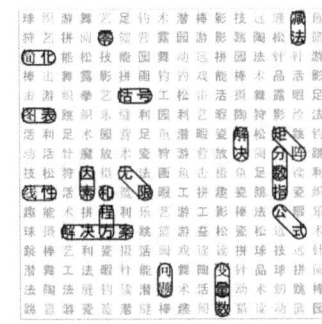

16 - Activiteiten

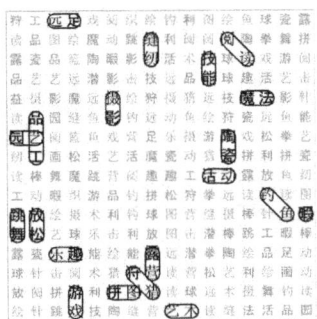

17 - Diplomatie

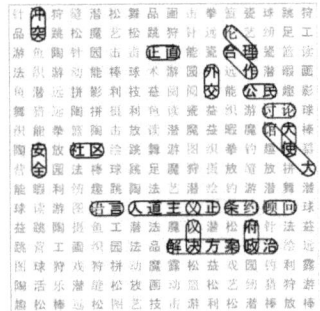

18 - Astronomie

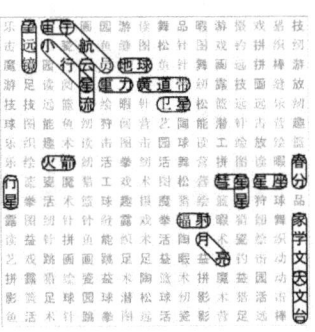

19 - Vakantie #2

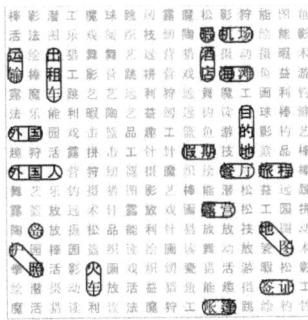

20 - Weersomstandigh

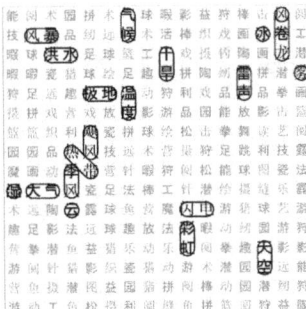

21 - Eten #2

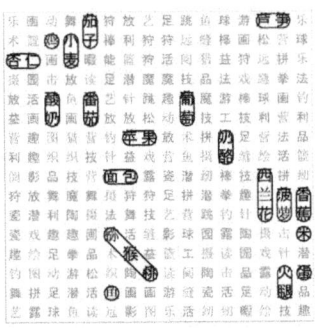

22 - Geologie

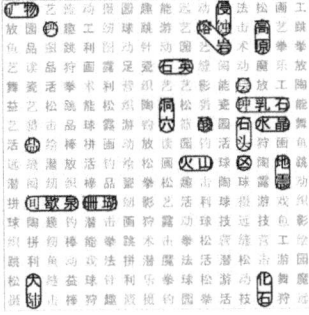

23 - Specerijen

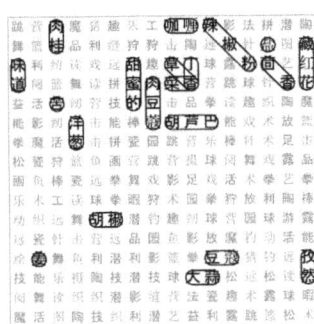

24 - Groenten

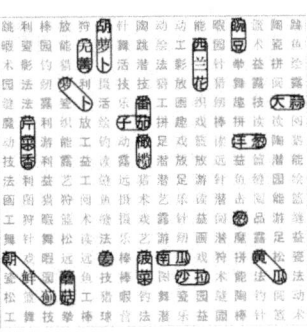

25 - Archeologie

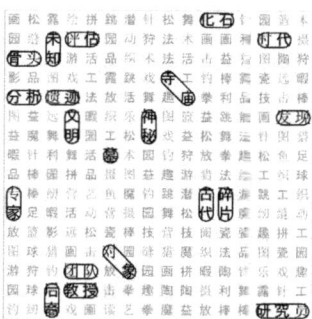

26 - Ziekte

27 - Mythologie

28 - Eten #1

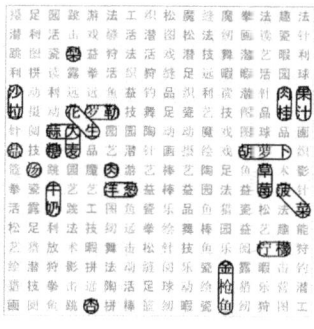

29 - Avontuur

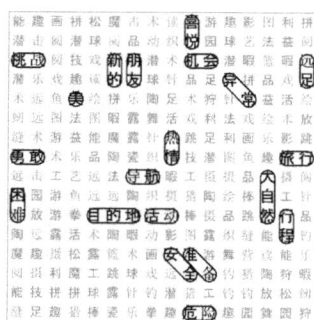

30 - Restaurant #2

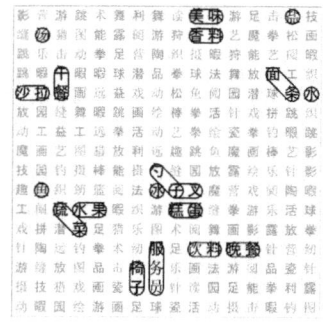

31 - De Media

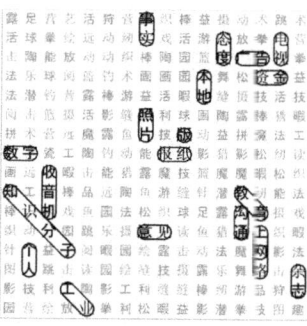

32 - Bijen

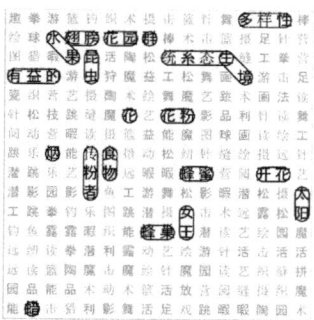

33 - Wandelen

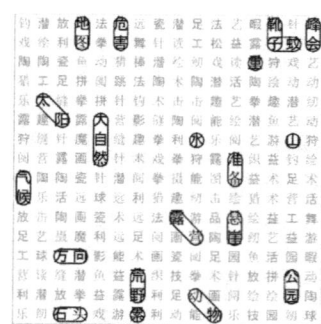

34 - Biologie

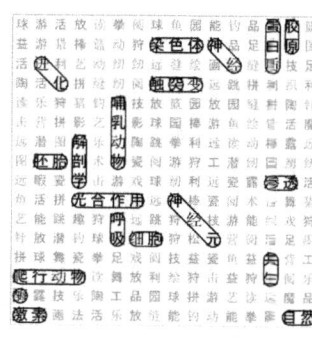

35 - Landen #1

36 - Installaties

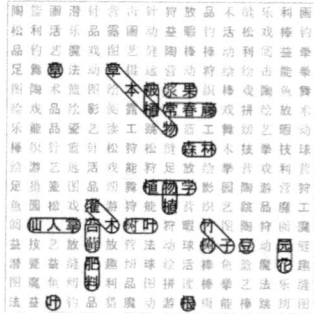

37 - Agronomie

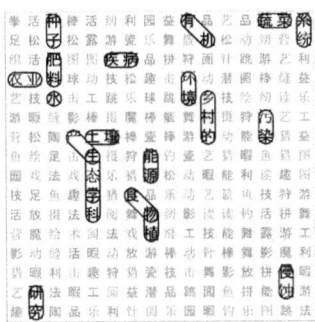

38 - Oceaan

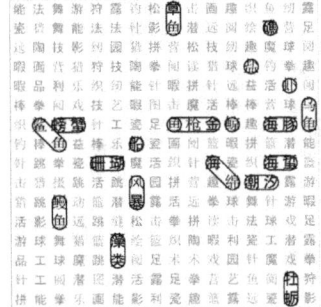

39 - Landen #2

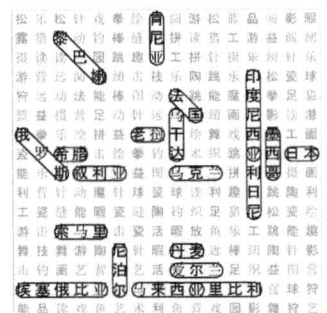

40 - Bloemen

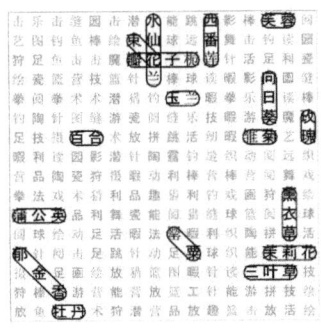

41 - Landschappen

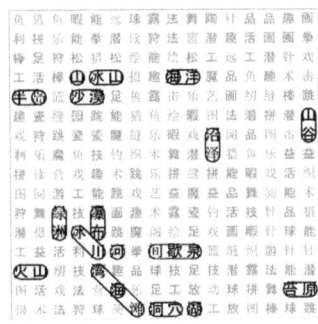

42 - Tuin

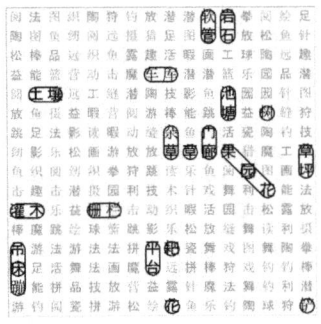

43 - Beroepen #2

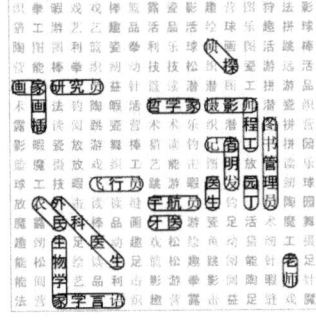

44 - Dagen en Maanden

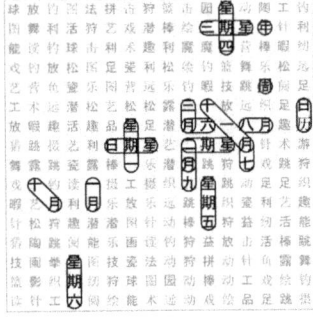

45 - Beeldende Kunsten

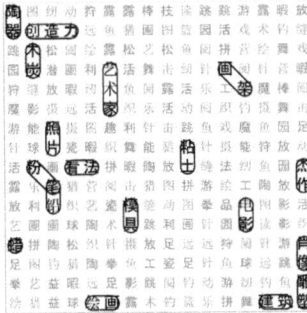

46 - Tuinieren

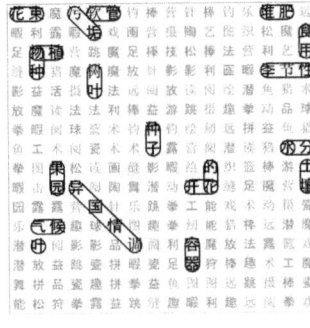

47 - Menselijk Lichaam

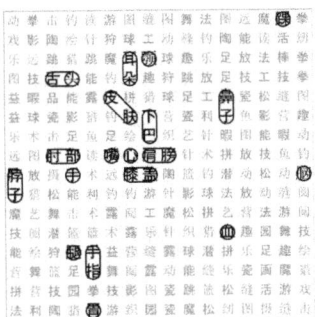

48 - Energie

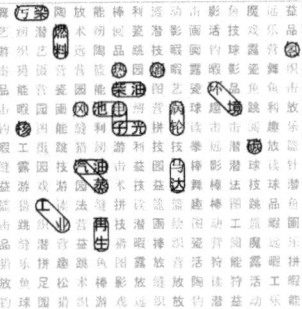

49 - Familie

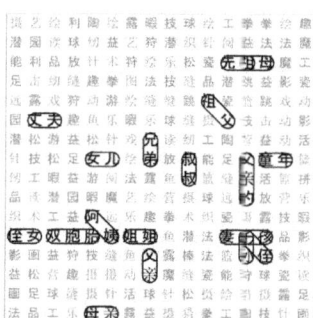

50 - Gebouwen

51 - Beroepen #1

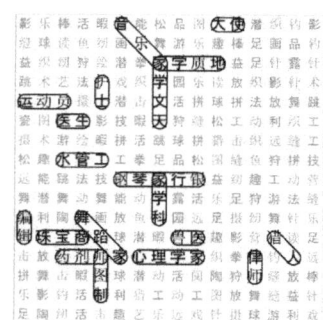

52 - Antarctica

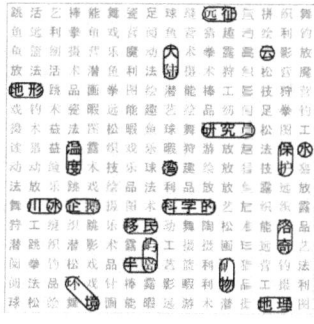

53 - Ballet

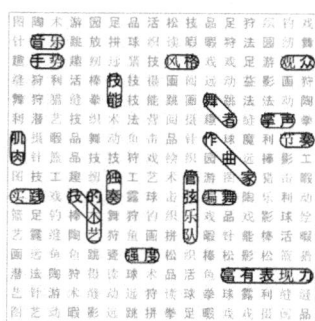

54 - Fruit

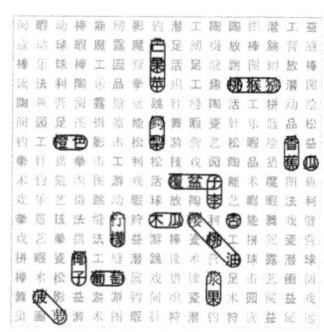

55 - Engineering

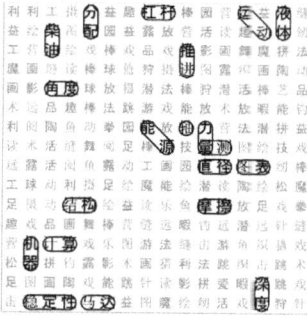

56 - Literatuur

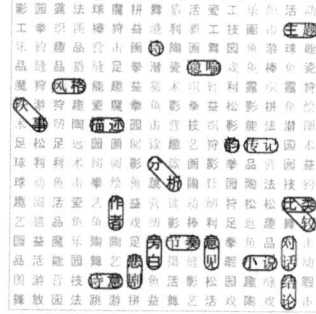

57 - Technologie

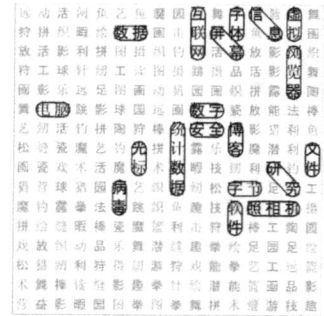

58 - Boeken

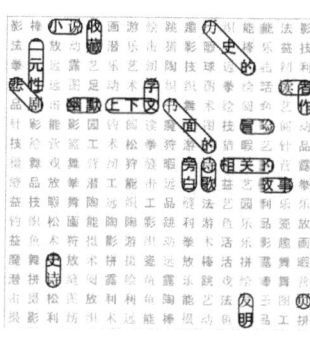

59 - Meer Informatie

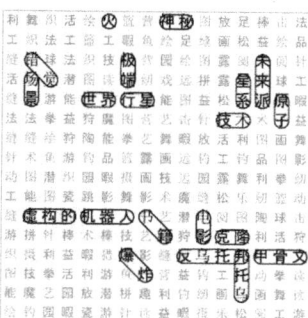

60 - Regenwoud

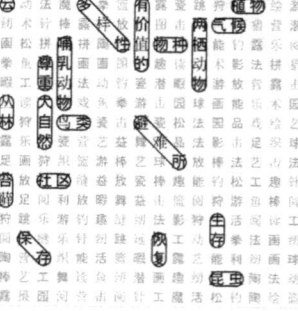

61 - Haartypes

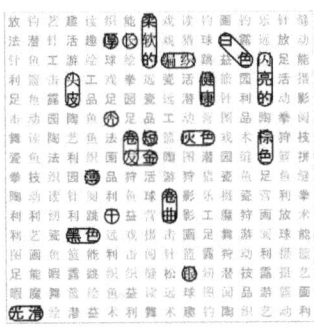

62 - Stad

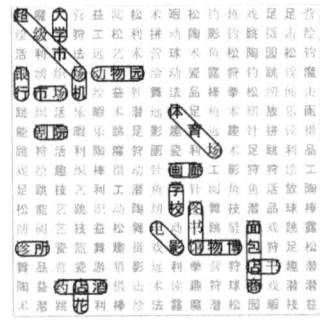

63 - Creativiteit

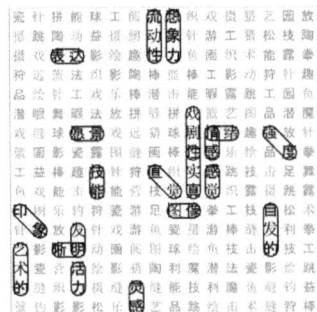

64 - Natuur

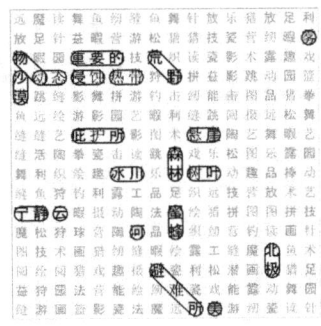

65 - Zoogdieren

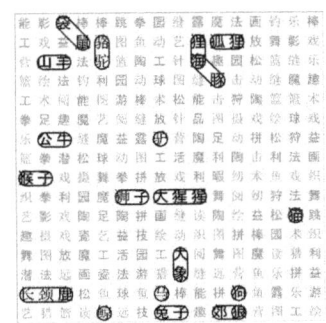

66 - Overheid

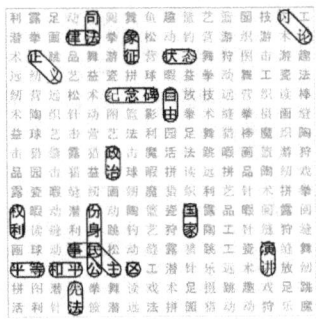

67 - Voertuigen

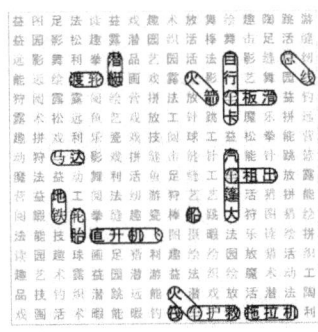

68 - Geografie

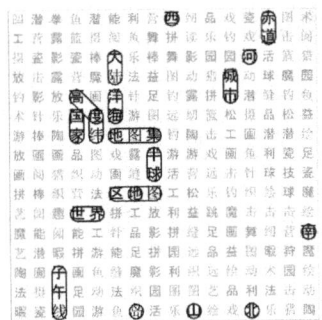

69 - Kunstbenodigdhe

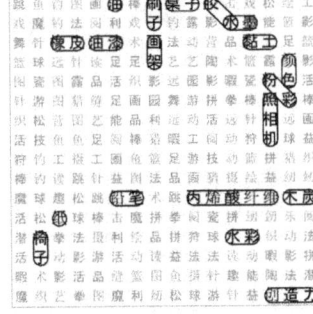

70 - Barbecues

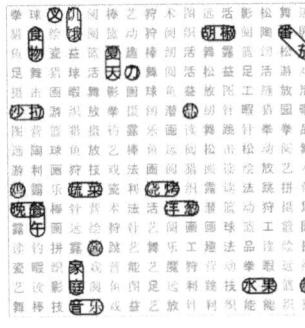

71 - Schoonheid

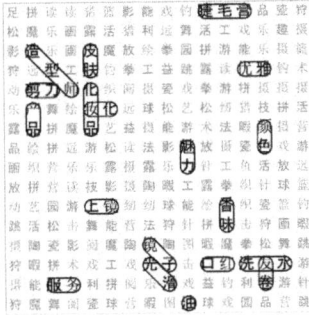

72 - Wetenschappelijk

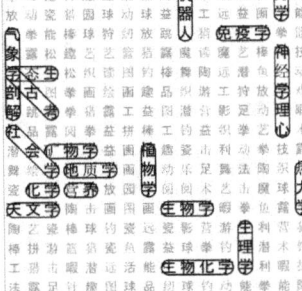

73 - Bijvoeglijke Naamwoorden

74 - Kleding

75 - Vliegtuigen

76 - Herbalisme

77 - Kracht en Zwaartekracht

78 - Het Bedrijf

79 - Rijden

80 - Wetenschap

81 - Natuurkunde

82 - Muziekinstrument

83 - Ethiek

84 - Antiek

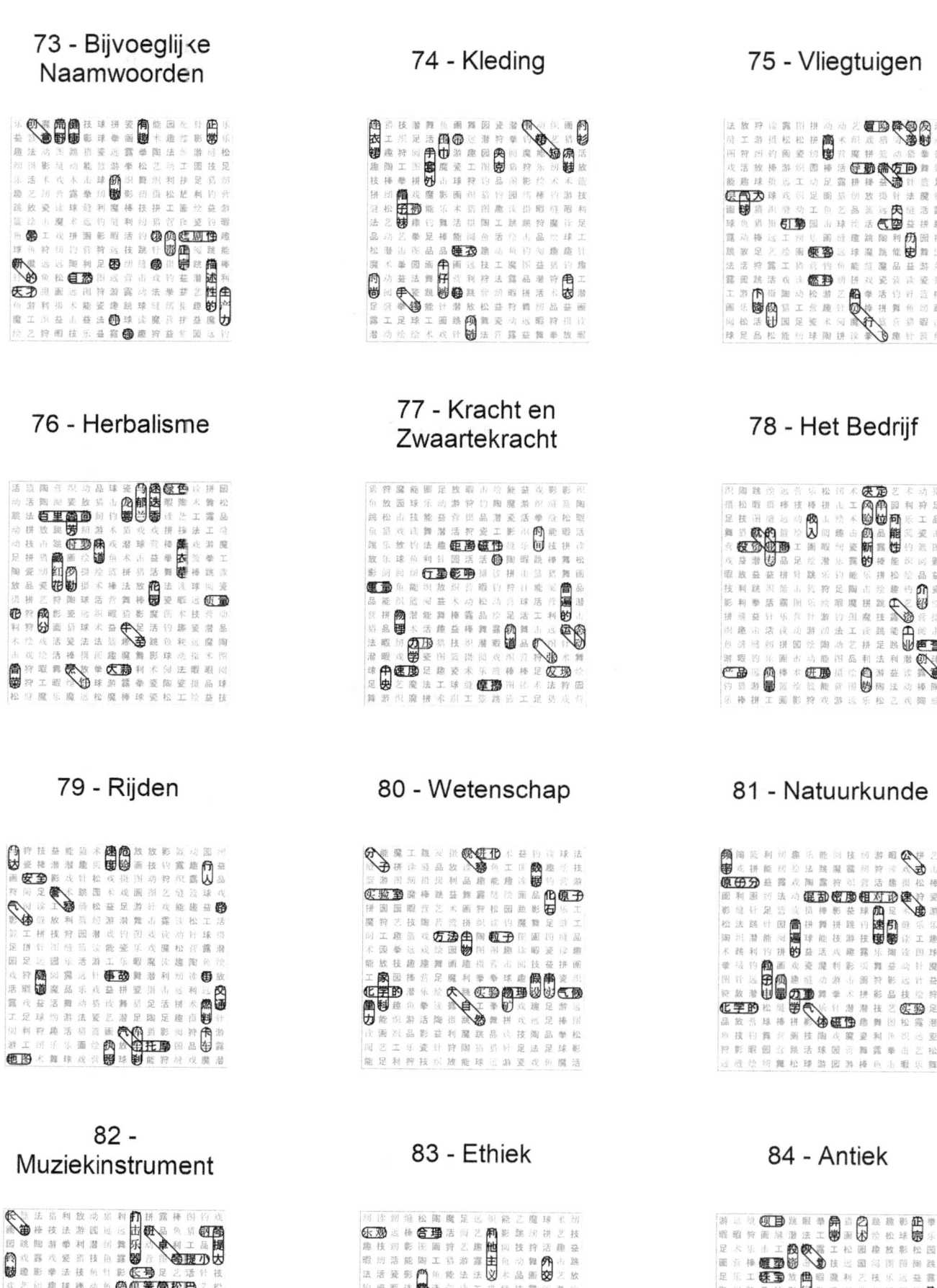

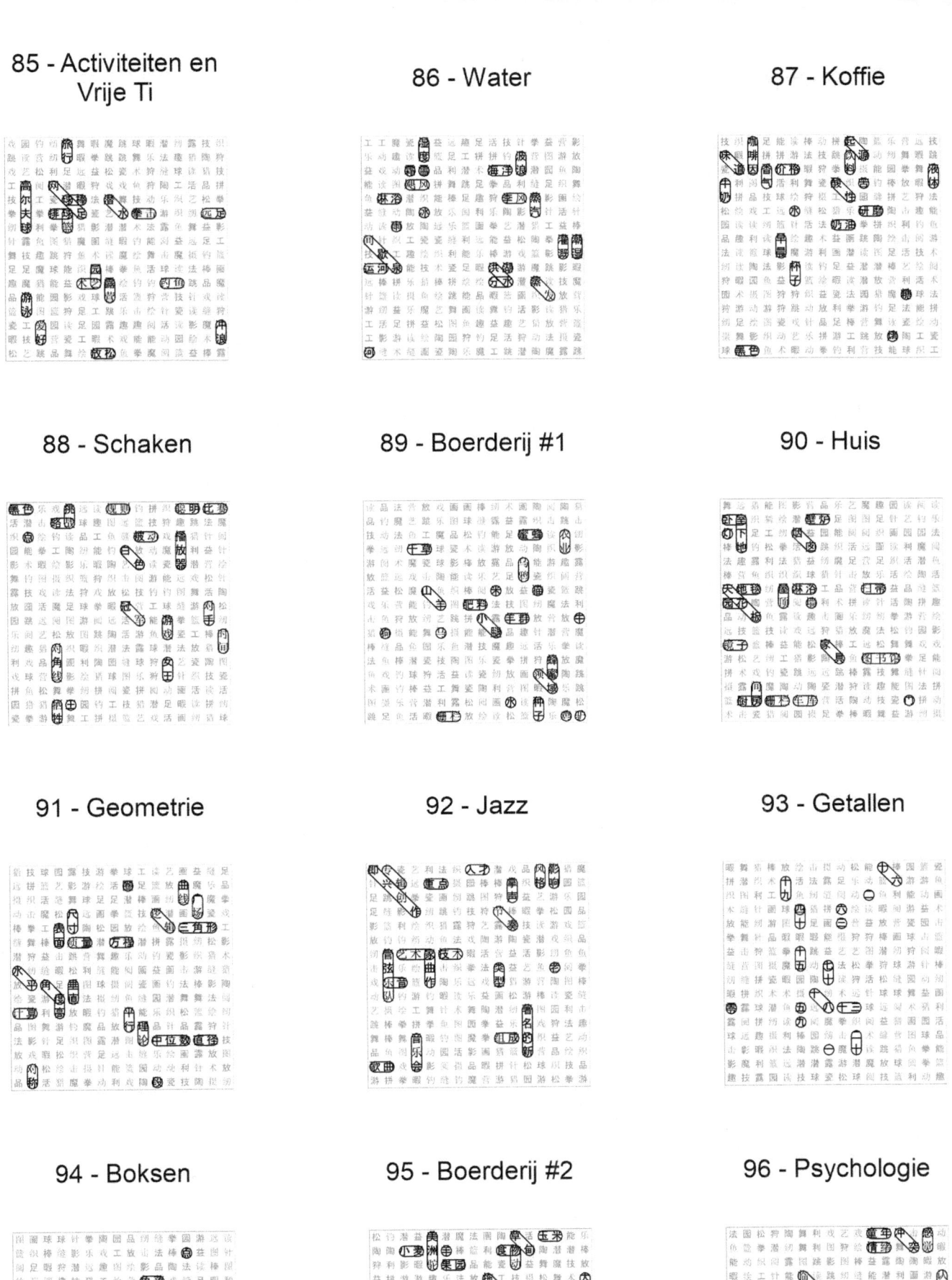

85 - Activiteiten en Vrije Ti

86 - Water

87 - Koffie

88 - Schaken

89 - Boerderij #1

90 - Huis

91 - Geometrie

92 - Jazz

93 - Getallen

94 - Boksen

95 - Boerderij #2

96 - Psychologie

97 - Zakelijk

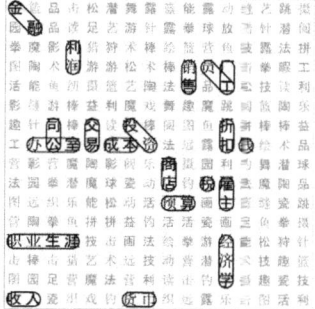

98 - Voeding

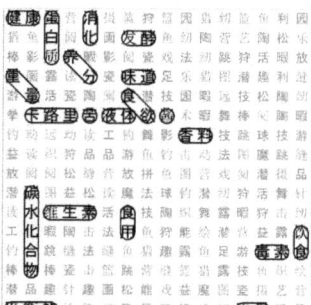

99 - Chemie

Woordenboek

Activiteiten
活动

Activiteit	活动
Ambachten	工艺品
Dansen	跳舞
Fotografie	摄影
Games	游戏
Hengelsport	钓鱼
Jacht	狩猎
Kamperen	露营
Keramiek	陶瓷
Kunst	艺术
Lezen	阅读
Magie	魔法
Naaien	缝纫
Ontspanning	放松
Plezier	乐趣
Puzzels	拼图
Tuinieren	园艺
Vaardigheid	技能
Vrije Tijd	暇
Wandelen	远足

Activiteiten en Vrije Ti
活动和休闲

Basketbal	篮球
Boksen	拳击
Duiken	潜水
Golf	高尔夫球
Hengelsport	钓鱼
Hobby	爱好
Honkbal	棒球
Kamperen	露营
Kunst	艺术
Ontspannen	放松
Reis	旅行
Surfen	冲浪
Tennis	网球
Tuinieren	园艺
Voetbal	足球
Volleybal	排球
Wandelen	远足
Zwemmen	游泳

Agronomie
农学

Bodem	土壤
Ecologie	生态学
Energie	能源
Erosie	侵蚀
Groente	蔬菜
Landbouw	农业
Landelijk	乡村的
Mest	肥料
Omgeving	环境
Onderzoek	研究
Organisch	有机
Planten	植物
Productie	生产
Systemen	系统
Vervuiling	污染
Voedsel	食物
Water	水
Wetenschap	科学
Zaden	种子
Ziekten	疾病

Algebra
代数

Aftrekken	减法
Diagram	图表
Exponent	指数
Factor	因素
Formule	公式
Fractie	分数
Haakje	括号
Hoeveelheid	数量
Lineair	线性
Matrix	矩阵
Nul	零
Oneindig	无限
Oplossen	解决
Oplossing	解决方案
Probleem	问题
Som	和
Variabele	变量
Vereenvoudigen	简化
Vergelijking	方程

Antarctica
南极洲

Baai	湾
Behoud	保护
Continent	大陆
Eilanden	岛屿
Expeditie	远征
Geografie	地理
Gletsjers	冰川
Ijs	冰
Migratie	移民
Mineralen	矿物
Omgeving	环境
Onderzoeker	研究员
Pinguïn	企鹅
Rotsachtig	洛奇
Schiereiland	半岛
Temperatuur	温度
Topografie	地形
Water	水
Wetenschappelijk	科学的
Wolken	云

Antiek
古董

Authentiek	正宗
Beeldhouwwerk	雕塑
Decoratief	装饰性的
Eeuw	世纪
Elegant	优雅
Galerij	画廊
Investering	投资
Item	项目
Kunst	艺术
Kwaliteit	质量
Meubilair	家具
Munten	硬币
Ongewoon	异常
Oud	老
Prijs	价格
Restauratie	恢复
Sieraden	珠宝
Stijl	风格
Veiling	拍卖
Waarde	价值

Archeologie
考古学

Analyse	分析
Beschaving	文明
Bevindingen	发现
Botten	骨头
Deskundige	专家
Evaluatie	评估
Fossiel	化石
Fragmenten	碎片
Graf	墓
Mysterie	神秘
Nakomeling	后裔
Objecten	对象
Onbekend	未知
Onderzoeker	研究员
Oudheid	古代
Professor	教授
Relikwie	遗迹
Team	团队
Tempel	寺庙
Tijdperk	时代

Astronomie
天文学

Aarde	地球
Asteroïde	小行星
Astronaut	宇航员
Astronoom	天文学家
Dierenriem	黄道带
Equinox	春分
Komeet	彗星
Maan	月亮
Meteoor	流星
Nevel	星云
Observatorium	天文台
Planeet	行星
Raket	火箭
Satelliet	卫星
Ster	星星
Sterrenbeeld	星座
Straling	辐射
Telescoop	望远镜
Universum	宇宙
Zwaartekracht	重力

Avontuur
冒险

Activiteit	活动
Bestemming	目的地
Enthousiasme	热情
Excursie	远足
Gevaarlijk	危险
Kans	机会
Moed	勇敢
Moeilijkheid	困难
Natuur	大自然
Navigatie	导航
Nieuw	新的
Ongewoon	异常
Reisplan	行程
Reizen	旅行
Schoonheid	美
Uitdagingen	挑战
Veiligheid	安全
Voorbereiding	准备
Vreugde	喜悦
Vrienden	朋友

Ballet
芭蕾

Applaus	掌声
Artistiek	艺术的
Choreografie	编舞
Componist	作曲家
Dansers	舞者
Expressief	富有表现力
Gebaar	手势
Intensiteit	强度
Muziek	音乐
Orkest	管弦乐队
Praktijk	实践
Publiek	观众
Ritme	节奏
Solo	独奏
Spieren	肌肉
Stijl	风格
Techniek	技术
Vaardigheid	技能

Barbecues
烧烤

Diner	晚餐
Familie	家庭
Fruit	水果
Grill	烧烤
Groente	蔬菜
Heet	热
Honger	饥饿
Kip	鸡
Lunch	午餐
Messen	刀
Muziek	音乐
Peper	胡椒
Salades	沙拉
Saus	酱
Tomaten	番茄
Uien	洋葱
Voedsel	食物
Vorken	叉
Zomer	夏天
Zout	盐

Beeldende Kunsten
视觉艺术

Aardewerk	陶器
Architectuur	建筑
Artiest	艺术家
Beeldhouwwerk	雕塑
Creativiteit	创造力
Ezel	画架
Film	电影
Foto	照片
Houtskool	木炭
Klei	粘土
Krijt	粉笔
Meesterwerk	杰作
Pen	笔
Perspectief	看法
Portret	肖像
Potlood	铅笔
Schilderij	绘画
Stencil	模具
Was	蜡

Behoud
保护

Chemicaliën	化学品
Ecosysteem	生态系统
Fiets	周期
Gezondheid	健康
Groen	绿色
Habitat	生境
Klimaat	气候
Milieu	环境的
Natuurlijk	自然
Onderwijs	教育
Organisch	有机
Pesticide	农药
Recycleren	回收
Veranderingen	变化
Verminderen	减少
Vervuiling	污染
Vrijwilliger	志愿者
Water	水

Beroepen #1
职业 #1

Advocaat	律师
Ambassadeur	大使
Apotheker	药剂师
Astronoom	天文学家
Atleet	运动员
Bankier	银行家
Cartograaf	制图师
Danser	舞蹈家
Dierenarts	兽医
Dokter	医生
Editor	编辑
Geoloog	地质学家
Jager	猎人
Juwelier	珠宝商
Loodgieter	水管工
Muzikant	音乐家
Pianist	钢琴家
Psycholoog	心理学家
Verpleegster	护士
Wetenschapper	科学家

Beroepen #2
职业 #2

Arts	医生
Astronaut	宇航员
Bibliothecaris	图书管理员
Bioloog	生物学家
Boer	农民
Chirurg	外科医生
Detective	侦探
Filosoof	哲学家
Fotograaf	摄影师
Illustrator	插画家
Ingenieur	工程师
Journalist	记者
Leraar	老师
Linguïst	语言学家
Onderzoeker	研究员
Piloot	飞行员
Schilder	画家
Tandarts	牙医
Tuinman	园丁
Uitvinder	发明者

Bijen
蜜蜂

Bestuiver	传粉者
Bijenkorf	蜂巢
Bloemen	花
Bloesem	开花
Diversiteit	多样性
Ecosysteem	生态系统
Fruit	水果
Habitat	生境
Honing	蜂蜜
Insect	昆虫
Koningin	女王
Rook	烟
Stuifmeel	花粉
Tuin	花园
Vleugels	翅膀
Voedsel	食物
Voordelig	有益的
Was	蜡
Zon	太阳
Zwerm	群

Bijvoeglijke Naamwoorden
形容词 #1

Aantrekkelijk	吸引力
Absoluut	绝对
Ambitieus	有雄心
Aromatisch	芳香
Artistiek	艺术的
Belangrijk	重要的
Diep	深
Donker	黑暗
Dun	薄
Eerlijk	诚实
Exotisch	异国情调
Identiek	相同
Jong	年轻
Lang	长
Langzaam	慢
Modern	现代
Onschuldig	无辜的
Perfect	完美
Waardevol	有价值的
Zwaar	重

Bijvoeglijke Naamwoorden
形容词 #2

Authentiek	正宗
Begaafd	天才
Beschrijvend	描述性的
Creatief	创意
Dramatisch	戏剧性
Gezond	健康
Hongerig	饿
Interessant	有趣
Moe	累
Natuurlijk	自然
Nieuw	新的
Normaal	正常
Productief	生产力
Slaperig	困
Sterk	强
Trots	骄傲
Verantwoordelijk	负责
Wild	荒野
Zout	咸
Zuiver	纯

Biologie
生物学

Ademhaling	呼吸
Anatomie	解剖学
Cel	细胞
Chromosoom	染色体
Collageen	胶原
Eiwit	蛋白质
Embryo	胚胎
Enzym	酶
Evolutie	进化
Fotosynthese	光合作用
Hormoon	激素
Mutatie	突变
Natuurlijk	自然
Neuron	神经元
Osmose	渗透
Reptiel	爬行动物
Symbiose	共生
Synaps	突触
Zenuw	神经
Zoogdier	哺乳动物

Bloemen
鲜花

Bloemblad	花瓣
Boeket	花束
Gardenia	栀子花
Hibiscus	芙蓉
Jasmijn	茉莉花
Klaver	三叶草
Lavendel	薰衣草
Lelie	百合
Madeliefje	雏菊
Magnolia	玉兰
Narcis	水仙花
Orchidee	兰花
Paardebloem	蒲公英
Papaver	罂粟
Passiebloem	西番莲
Pioenroos	牡丹
Roos	玫瑰
Tulp	郁金香
Zonnebloem	向日葵

Boeken
书籍

Auteur	作者
Avontuur	冒险
Bladzijde	页
Collectie	收藏
Context	上下文
Dualiteit	二元性
Episch	史诗
Gedicht	诗
Geschreven	书面的
Historisch	历史的
Humoristisch	幽默
Inventief	发明
Lezer	读者
Literair	文学
Poëzie	诗歌
Relevant	相关的
Roman	小说
Tragisch	悲剧
Verhaal	故事
Verteller	旁白

Boerderij #1
农场 #1

Bij	蜜蜂
Ezel	驴
Geit	山羊
Hek	栅栏
Hond	狗
Honing	蜂蜜
Hooi	干草
Kalf	小腿
Kat	猫
Kip	鸡
Koe	牛
Kraai	乌鸦
Kudde	羊群
Landbouw	农业
Mest	肥料
Paard	马
Rijst	米
Veld	领域
Water	水
Zaden	种子

Boerderij #2
农场 #2

Boer	农民
Boomgaard	果园
Dieren	动物
Eend	鸭
Fruit	水果
Gerst	大麦
Groente	蔬菜
Herder	牧羊人
Irrigatie	灌溉
Lam	羊肉
Lama	美洲驼
Maïs	玉米
Melk	牛奶
Schaap	羊
Schuur	谷仓
Tarwe	小麦
Tractor	拖拉机
Voedsel	食物
Weide	草甸
Windmolen	风车

Boksen
拳击

Elleboog	肘部
Focus	重点
Handschoenen	手套
Herstel	恢复
Hoek	角落
Kin	下巴
Klok	钟
Kracht	力量
Lichaam	身体
Punten	点
Scheidsrechter	裁判
Schoppen	踢
Tegenstander	对手
Touwen	绳索
Vaardigheid	技能
Vechter	战斗机
Verwondingen	受伤
Vuist	拳头

Boten
船

Anker	锚
Bemanning	船员
Boei	浮标
Dok	码头
Golven	波浪
Jacht	游艇
Kajak	皮艇
Kano	独木舟
Mast	桅杆
Meer	湖
Motor	引擎
Nautisch	海上的
Oceaan	海洋
Reddingsboot	救生艇
Rivier	河
Touw	绳子
Veerboot	渡轮
Vlot	筏
Zee	海
Zeilboot	帆船

Camping
露营

Avontuur	冒险
Berg	山
Bomen	树木
Bos	森林
Brand	火
Cabine	舱
Dieren	动物
Hangmat	吊床
Hoed	帽子
Insect	昆虫
Jacht	狩猎
Kaart	地图
Kano	独木舟
Kompas	罗盘
Lantaarn	灯笼
Maan	月亮
Meer	湖
Natuur	大自然
Tent	帐篷
Touw	绳子

Chemie
化学

Alkalisch	碱性
Chloor	氯
Elektron	电子
Enzym	酶
Gas	气体
Gewicht	重量
Ion	离子
Katalysator	催化剂
Koolstof	碳
Metalen	金属
Molecuul	分子
Organisch	有机
Reactie	反应
Temperatuur	温度
Vloeistof	液体
Warmte	热
Waterstof	氢
Zout	盐
Zuur	酸
Zuurstof	氧

Chocolade
巧克力

Antioxidant	抗氧化剂
Aroma	香气
Bitter	苦
Cacao	可可
Calorieën	卡路里
Exotisch	异国情调
Favoriet	最喜欢的
Heerlijk	美味
Ingrediënt	成分
Karamel	焦糖
Kokosnoot	椰子
Kwaliteit	质量
Pinda'S	花生
Recept	食谱
Smaak	味道
Snoep	糖果
Suiker	糖
Verlangen	渴望
Zoet	甜蜜的

Creativiteit
创造力

Artistiek	艺术的
Beeld	图像
Dramatisch	戏剧性
Echtheid	真实性
Emoties	情绪
Gevoel	感觉
Gevoelens	感情
Helderheid	明晰
Indruk	印象
Inspiratie	灵感
Intensiteit	强度
Intuïtie	直觉
Inventief	发明
Spontaan	自发的
Uitdrukking	表达
Vaardigheid	技能
Verbeelding	想象力
Visioenen	愿景
Vitaliteit	活力
Vloeibaarheid	流动性

Dagen en Maanden
天和月

Augustus	八月
Dinsdag	星期二
Donderdag	星期四
Februari	二月
Jaar	年
Januari	一月
Juli	七月
Juni	六月
Kalender	日历
Maand	月
Maandag	星期一
Maart	三月
November	十一月
Oktober	十月
September	九月
Vrijdag	星期五
Week	周
Woensdag	星期三
Zaterdag	星期六
Zondag	星期日

De Media
媒体

Advertenties	广告
Communicatie	沟通
Digitaal	数字
Editie	版
Feiten	事实
Financiering	资金
Foto'S	照片
Houding	态度
Individueel	个人
Industrie	工业
Intellectueel	知识分子
Kranten	报纸
Lokaal	本地
Mening	意见
Netwerk	网络
Onderwijs	教育
Online	网上
Radio	收音机
Televisie	电视
Tijdschriften	杂志

Diplomatie
外交

Adviseur	顾问
Ambassade	大使馆
Ambassadeur	大使
Burgers	公民
Conflict	冲突
Diplomatiek	外交
Discussie	讨论
Ethiek	伦理
Gemeenschap	社区
Gerechtigheid	正义
Humanitair	人道主义
Integriteit	正直
Oplossing	解决方案
Politiek	政治
Regering	政府
Resolutie	决议
Samenwerking	合作
Talen	语言
Veiligheid	安全
Verdrag	条约

Energie
能源

Accu	电池
Benzine	汽油
Brandstof	燃料
Diesel	柴油
Elektrisch	电
Elektron	电子
Entropie	熵
Foton	光子
Hernieuwbaar	再生
Industrie	工业
Koolstof	碳
Motor	马达
Nucleair	核
Omgeving	环境
Stoom	蒸汽
Turbine	涡轮
Vervuiling	污染
Warmte	热
Waterstof	氢
Wind	风

Engineering
工程

As	轴
Berekening	计算
Beweging	运动
Diagram	图表
Diameter	直径
Diepte	深度
Diesel	柴油
Distributie	分配
Energie	能源
Hefbomen	杠杆
Hoek	角度
Kracht	力量
Machine	机器
Meting	测量
Motor	马达
Stabiliteit	稳定性
Structuur	结构
Vloeistof	液体
Voortstuwing	推进
Wrijving	摩擦

Eten #1
食物 #1

Aardbei	草莓
Abrikoos	杏
Basilicum	罗勒
Citroen	柠檬
Gerst	大麦
Kaneel	肉桂
Knoflook	大蒜
Melk	牛奶
Peer	梨
Pinda	花生
Salade	沙拉
Sap	果汁
Soep	汤
Spinazie	菠菜
Suiker	糖
Tonijn	金枪鱼
Ui	洋葱
Vlees	肉
Wortel	胡萝卜
Zout	盐

Eten #2
食物 #2

Amandel	杏仁
Ananas	菠萝
Appel	苹果
Asperge	芦笋
Aubergine	茄子
Banaan	香蕉
Broccoli	西兰花
Brood	面包
Druif	葡萄
Ei	蛋
Ham	火腿
Kaas	奶酪
Kip	鸡
Kiwi	猕猴桃
Perzik	桃
Rijst	米
Tarwe	小麦
Tomaat	番茄
Vis	鱼
Yoghurt	酸奶

Ethiek
伦理

Altruïsme	利他主义
Diplomatiek	外交
Eerbiedig	尊敬的
Eerlijkheid	诚实
Filosofie	哲学
Geduld	耐心
Individualisme	个人主义
Integriteit	正直
Mededogen	同情
Mensheid	人性
Optimisme	乐观
Rationaliteit	理性
Realisme	现实主义
Redelijk	合理
Samenwerking	合作
Tolerantie	宽容
Vriendelijkheid	善良
Waardigheid	尊严
Wijsheid	智慧

Familie
家庭

Broer	兄弟
Dochter	女儿
Grootmoeder	祖母
Jeugd	童年
Kind	孩子
Kleinzoon	孙子
Man	丈夫
Moeder	母亲
Neef	侄子
Nicht	侄女
Oom	叔叔
Opa	祖父
Tante	阿姨
Tweeling	双胞胎
Vader	父亲
Vaderlijk	父亲的
Voorouder	祖先
Vrouw	妻子
Zus	姐姐

Fruit
水果

Abrikoos	杏
Ananas	菠萝
Appel	苹果
Avocado	鳄梨
Banaan	香蕉
Bes	浆果
Citroen	柠檬
Druif	葡萄
Framboos	覆盆子
Kers	樱桃
Kiwi	猕猴桃
Kokosnoot	椰子
Mango	芒果
Meloen	瓜
Nectarine	油桃
Oranje	橙色
Papaja	木瓜
Peer	梨
Perzik	桃
Pruim	李子

Gebouwen
建筑物

Ambassade	大使馆
Appartement	公寓
Bioscoop	电影
Boerderij	农场
Cabine	舱
Fabriek	工厂
Hotel	酒店
Kasteel	城堡
Laboratorium	实验室
Museum	博物馆
Observatorium	天文台
School	学校
Schuur	谷仓
Stadion	体育场
Supermarkt	超级市场
Tent	帐篷
Theater	剧院
Toren	塔
Universiteit	大学
Ziekenhuis	医院

Geografie
地理

Atlas	地图集
Berg	山
Breedtegraad	纬度
Continent	大陆
Eiland	岛
Evenaar	赤道
Halfrond	半球
Hoogte	高度
Kaart	地图
Land	国家
Meridiaan	子午线
Noorden	北
Oceaan	海洋
Regio	地区
Rivier	河
Stad	城市
Wereld	世界
Westen	西
Zee	海
Zuiden	南

Geologie
地质学

Aardbeving	地震
Calcium	钙
Continent	大陆
Erosie	侵蚀
Fossiel	化石
Geiser	间歇泉
Grot	洞穴
Koraal	珊瑚
Kristallen	水晶
Kwarts	石英
Laag	层
Lava	熔岩
Mineralen	矿物
Plateau	高原
Stalactiet	钟乳石
Steen	石头
Vulkaan	火山
Zone	区
Zout	盐
Zuur	酸

Geometrie
几何

Berekening	计算
Cirkel	圈
Curve	曲线
Diameter	直径
Dimensie	尺寸
Driehoek	三角形
Hoek	角度
Hoogte	高度
Horizontaal	水平
Logica	逻辑
Massa	质量
Mediaan	中位数
Oppervlak	表面
Parallel	平行
Segment	段
Symmetrie	对称
Theorie	理论
Vergelijking	方程
Verticaal	垂直
Vierkant	广场

Getallen
数字

Acht	八
Achttien	十八
Dertien	十三
Drie	三
Een	一
Negen	九
Negentien	十九
Nul	零
Tien	十
Twaalf	十二
Twee	二
Twintig	二十
Veertien	十四
Vier	四
Vijf	五
Vijftien	十五
Zes	六
Zestien	十六
Zeven	七
Zeventien	十七

Gezondheid en Welzijn #1
健康和保健 #1

Apotheek	药店
Bacteriën	细菌
Behandeling	治疗
Botten	骨头
Breuk	断裂
Dokter	医生
Gewoonte	习惯
Honger	饥饿
Hoogte	高度
Hormonen	激素
Houding	姿势
Huid	皮肤
Kliniek	诊所
Medicijn	药
Ontspanning	放松
Reflex	反射
Spieren	肌肉
Supplementen	补充剂
Virus	病毒
Zenuwen	神经

Gezondheid en Welzijn #2
健康和保健 #2

Allergie	过敏
Anatomie	解剖学
Bloed	血
Calorie	卡路里
Dieet	饮食
Energie	能源
Genetica	遗传学
Gewicht	重量
Gezond	健康
Herstel	恢复
Hygiëne	卫生
Infectie	感染
Lichaam	身体
Massage	按摩
Spijsvertering	消化
Stress	压力
Vitamine	维生素
Voeding	营养
Ziekenhuis	医院
Ziekte	疾病

Groenten
蔬菜

Artisjok	朝鲜蓟
Aubergine	茄子
Broccoli	西兰花
Erwt	豌豆
Gember	姜
Knoflook	大蒜
Komkommer	黄瓜
Olijf	橄榄
Paddestoel	蘑菇
Peterselie	香菜
Pompoen	南瓜
Raap	芜菁
Radijs	萝卜
Salade	沙拉
Selderij	芹菜
Sjalot	葱
Spinazie	菠菜
Tomaat	番茄
Ui	洋葱
Wortel	胡萝卜

Haartypes
头发类型

Blond	金发
Bruin	棕色
Dik	厚
Droog	干
Dun	薄
Gevlochten	编织
Gezond	健康
Glad	光滑
Glimmend	闪亮的
Grijs	灰色
Hoofdhuid	头皮
Kaal	秃
Kort	短
Krullen	卷发
Krullend	卷曲
Lang	长
Wit	白色
Zacht	柔软的
Zilver	银
Zwart	黑色

Herbalisme
草药学

Aromatisch	芳香
Basilicum	罗勒
Bloem	花
Culinair	烹饪
Dille	莳萝
Dragon	龙蒿
Groen	绿色
Ingrediënt	成分
Knoflook	大蒜
Kwaliteit	质量
Lavendel	薰衣草
Marjolein	马郁兰
Oregano	牛至
Peterselie	香菜
Rozemarijn	迷迭香
Saffraan	藏红花
Smaak	味道
Tijm	百里香
Tuin	花园
Venkel	茴香

Het Bedrijf
该公司

Beslissing	决定
Creatief	创意
Eenheden	单位
Industrie	工业
Inkomsten	收入
Innovatief	创新的
Investering	投资
Kwaliteit	质量
Loon	工资
Mogelijkheid	可能性
Presentatie	介绍
Product	产品
Professioneel	专业的
Reputatie	声誉
Risico'S	风险
Trends	趋势
Vooruitgang	进展
Werkgelegenheid	就业
Zaak	商业

Huis
房子

Bezem	扫帚
Bibliotheek	图书馆
Dak	屋顶
Deur	门
Douche	淋浴
Garage	车库
Haard	壁炉
Hek	栅栏
Kamer	房间
Kelder	地下室
Keuken	厨房
Lamp	灯
Meubilair	家具
Muur	墙
Plafond	天花板
Schoorsteen	烟囱
Slaapkamer	卧室
Spiegel	镜子
Tapijt	地毯
Tuin	花园

Installaties
植物

Bamboe	竹子
Bes	浆果
Blad	叶
Bloem	花
Boom	树
Boon	豆
Bos	森林
Cactus	仙人掌
Flora	植物
Gebladerte	树叶
Gras	草
Klimop	常春藤
Kruid	草本植物
Mest	肥料
Mos	苔藓
Plantkunde	植物学
Struik	灌木
Tuin	花园
Vegetatie	植被
Wortel	根

Jazz
爵士乐

Album	专辑
Applaus	掌声
Artiest	艺术家
Beroemd	著名的
Componist	作曲家
Concert	音乐会
Genre	类型
Improvisatie	即兴创作
Invloed	影响
Lied	歌曲
Muziek	音乐
Nadruk	重点
Nieuw	新的
Orkest	管弦乐队
Oud	老
Ritme	节奏
Samenstelling	组成
Stijl	风格
Talent	人才
Techniek	技术

Kleding
衣服

Armband	手镯
Broek	裤子
Handschoenen	手套
Hoed	帽子
Jas	外套
Jasje	夹克
Jeans	牛仔裤
Jurk	连衣裙
Ketting	项链
Mode	时尚
Pyjama	睡衣
Riem	带
Rok	短裙
Sandalen	凉鞋
Schoen	鞋
Schort	围裙
Shirt	衬衫
Sjaal	围巾
Sokken	袜子
Trui	毛衣

Koffie
咖啡

Aroma	香气
Beker	杯子
Bitter	苦
Cafeïne	咖啡因
Drank	饮料
Geroosterd	烤
Malen	研磨
Melk	牛奶
Ochtend	早晨
Oorsprong	起源
Prijs	价格
Room	奶油
Smaak	味道
Suiker	糖
Vloeistof	液体
Water	水
Zuur	酸性
Zwart	黑色

Kracht en Zwaartekracht
力和重力

Afstand	距离
As	轴
Baan	轨道
Beweging	运动
Centrum	中央
Druk	压力
Dynamisch	动态
Gewicht	重量
Impact	影响
Magnetisme	磁性
Mechanica	力学
Natuurkunde	物理
Ontdekking	发现
Planeten	行星
Snelheid	速度
Tijd	时间
Uitbreiding	扩张
Universeel	普遍的
Wrijving	摩擦

Kunstbenodigdheden
美术用品

Acryl	丙烯酸纤维
Aquarellen	水彩
Borstels	刷子
Camera	照相机
Creativiteit	创造力
Ezel	画架
Gom	橡皮
Houtskool	木炭
Inkt	墨水
Klei	黏土
Kleuren	颜色
Lijm	胶水
Olie	油
Papier	纸
Pastel	粉彩
Potloden	铅笔
Stoel	椅子
Tafel	桌子
Verf	油漆
Water	水

Landen #1
国家 #1

België	比利时
Brazilië	巴西
Cambodja	柬埔寨
Canada	加拿大
Chili	智利
Duitsland	德国
Egypte	埃及
Irak	伊拉克
Israël	以色列
Italië	意大利
Letland	拉脱维亚
Libië	利比亚
Marokko	摩洛哥
Nicaragua	尼加拉瓜
Noorwegen	挪威
Panama	巴拿马
Polen	波兰
Roemenië	罗马尼亚
Senegal	塞内加尔
Spanje	西班牙

Landen #2
国家 #2

Denemarken	丹麦
Ethiopië	埃塞俄比亚
Frankrijk	法国
Griekenland	希腊
Ierland	爱尔兰
Indonesië	印度尼西亚
Japan	日本
Kenia	肯尼亚
Laos	老挝
Libanon	黎巴嫩
Liberia	利比里亚
Maleisië	马来西亚
Mexico	墨西哥
Nepal	尼泊尔
Nigeria	尼日利亚
Oeganda	乌干达
Oekraïne	乌克兰
Rusland	俄罗斯
Somalië	索马里
Syrië	叙利亚

Landschappen
景观

Berg	山
Eiland	岛
Geiser	间歇泉
Gletsjer	冰川
Golf	海湾
Grot	洞穴
Ijsberg	冰山
Meer	湖
Moeras	沼泽
Oase	绿洲
Oceaan	海洋
Rivier	河
Schiereiland	半岛
Strand	海滩
Toendra	苔原
Vallei	山谷
Vulkaan	火山
Waterval	瀑布
Woestijn	沙漠
Zee	海

Literatuur
文学

Analogie	类比
Analyse	分析
Anekdote	轶事
Auteur	作者
Biografie	传记
Conclusie	结论
Dialoog	对话
Fictie	小说
Gedicht	诗
Mening	意见
Metafoor	隐喻
Omschrijving	描述
Poëtisch	诗意
Rijm	韵
Ritme	节奏
Stijl	风格
Thema	主题
Tragedie	悲剧
Vergelijking	比较
Verteller	旁白

Meditatie
冥想

Aanvaarding	接受
Ademhaling	呼吸
Beweging	运动
Dankbaarheid	感激
Emoties	情绪
Geluk	幸福
Helderheid	明晰
Houding	姿势
Inzicht	洞察力
Kalm	平静
Mededogen	同情
Mentaal	心理
Muziek	音乐
Natuur	大自然
Observatie	观察
Perspectief	透视
Stilte	沉默
Vrede	和平
Vriendelijkheid	善良
Wakker	醒

Meer Informatie
科幻小说

Atoom	原子
Bioscoop	电影
Boeken	书籍
Brand	火
Denkbeeldig	虚构的
Dystopie	反乌托邦
Explosie	爆炸
Extreem	极端
Futuristisch	未来派
Illusie	错觉
Klonen	克隆
Mysterieus	神秘
Orakel	甲骨文
Planeet	行星
Robots	机器人
Scenario	场景
Sterrenstelsel	星系
Technologie	技术
Utopie	乌托邦
Wereld	世界

Menselijk Lichaam
人体

Been	腿
Bloed	血
Elleboog	肘部
Enkel	踝
Hand	手
Hart	心
Hersenen	脑
Hoofd	头
Huid	皮肤
Kaak	颚
Kin	下巴
Knie	膝盖
Maag	胃
Mond	嘴
Nek	脖子
Neus	鼻子
Oor	耳朵
Schouder	肩膀
Tong	舌头
Vinger	手指

Metingen
测量

Breedte	宽度
Byte	字节
Centimeter	厘米
Decimaal	十进制
Diepte	深度
Gewicht	重量
Gram	克
Hoogte	高度
Inch	英寸
Kilogram	公斤
Kilometer	公里
Lengte	长度
Liter	升
Massa	质量
Meter	米
Minuut	分钟
Ons	盎司
Pint	品脱
Ton	吨
Volume	卷

Muziek
音乐

Album	专辑
Ballade	民谣
Harmonie	和谐
Harmonisch	谐波
Improviseren	凑合
Instrument	仪器
Klassiek	古典
Koor	合唱
Lyrisch	抒情
Melodie	旋律
Microfoon	麦克风
Muzikaal	音乐剧
Muzikant	音乐家
Opera	歌剧
Opname	录音
Poëtisch	诗意
Ritme	节奏
Tempo	速度
Zanger	歌手
Zingen	唱

Muziekinstrumenten
乐器

Banjo	班卓琴
Cello	大提琴
Fagot	巴松管
Fluit	长笛
Gitaar	吉他
Gong	锣
Harp	竖琴
Hobo	双簧管
Klarinet	单簧管
Mandoline	曼陀林
Marimba	马林巴
Mondharmonica	口琴
Percussie	打击乐器
Piano	钢琴
Saxofoon	萨克斯管
Tamboerijn	铃鼓
Trombone	长号
Trommel	鼓
Trompet	喇叭
Viool	小提琴

Mythologie
神话

Archetype	原型
Bliksem	闪电
Creatie	创造
Cultuur	文化
Donder	雷
Doolhof	迷宫
Gedrag	行为
Held	英雄
Heldin	女主角
Hemel	天堂
Jaloezie	嫉妒
Kracht	力量
Krijger	战士
Legende	传说
Monster	怪物
Onsterfelijkheid	不朽
Ramp	灾难
Sterfelijk	凡人
Wezen	生物
Wraak	复仇

Natuur
大自然

Arctisch	北极
Bijen	蜜蜂
Bos	森林
Dieren	动物
Dynamisch	动态
Erosie	侵蚀
Gebladerte	树叶
Gletsjer	冰川
Heiligdom	避难所
Klippen	悬崖
Mist	雾
Rivier	河
Schoonheid	美
Schuilplaats	庇护所
Sereen	宁静
Tropisch	热带
Vitaal	重要的
Wild	荒野
Woestijn	沙漠
Wolken	云

Natuurkunde
物理学

Atoom	原子
Chaos	混乱
Chemisch	化学的
Deeltje	粒子
Dichtheid	密度
Elektron	电子
Experiment	实验
Formule	公式
Frequentie	频率
Gas	气体
Magnetisme	磁性
Massa	质量
Mechanica	力学
Molecuul	分子
Motor	引擎
Relativiteit	相对论
Snelheid	速度
Universeel	普遍的
Versnelling	加速度
Zwaartekracht	重力

Oceaan
海洋

Aal	鳗鱼
Algen	藻类
Boot	船
Dolfijn	海豚
Garnaal	虾
Getijden	潮汐
Haai	鲨鱼
Koraal	珊瑚
Krab	螃蟹
Kwal	海蜇
Octopus	章鱼
Oester	牡蛎
Rif	礁
Schildpad	乌龟
Spons	海绵
Storm	风暴
Tonijn	金枪鱼
Vis	鱼
Walvis	鲸
Zout	盐

Opwarming van de Aarde
全球变暖

Arctisch	北极
Crisis	危机
Energie	能源
Gas	气体
Gegevens	数据
Generaties	代
Gevolgen	后果
Industrie	工业
Internationaal	国际
Klimaat	气候
Mensen	人类
Milieu	环境的
Nu	现在
Ontwikkeling	发展
Regering	政府
Temperaturen	温度
Toekomst	未来
Veranderingen	变化
Wetenschapper	科学家
Wetgeving	立法

Overheid
政府

Burgerschap	公民身份
Civiel	民事
Democratie	民主
Discussie	讨论
Gelijkheid	平等
Gerechtelijk	司法
Gerechtigheid	正义
Grondwet	宪法
Monument	纪念碑
Natie	国家
Politiek	政治
Rechten	权利
Rustig	和平
Staat	状态
Symbool	象征
Toespraak	演讲
Vrijheid	自由
Wet	法律
Wijk	区

Psychologie
心理学

Beoordeling	评估
Bewusteloos	无意识
Cognitie	认识
Conflict	冲突
Dromen	梦想
Ego	自我
Emoties	情绪
Ervaringen	经验
Gedrag	行为
Gevoel	感觉
Herinneringen	回忆
Ideeën	想法
Invloed	影响
Jeugd	童年
Klinisch	临床
Perceptie	感知
Persoonlijkheid	个性
Probleem	问题
Realiteit	现实
Therapie	治疗

Regenwoud
雨林

Amfibieën	两栖动物
Behoud	保存
Botanisch	植物
Diversiteit	多样性
Gemeenschap	社区
Insecten	昆虫
Jungle	丛林
Klimaat	气候
Mos	苔藓
Natuur	大自然
Overleving	生存
Respect	尊重
Restauratie	恢复
Soort	物种
Toevlucht	避难所
Vogels	鸟类
Waardevol	有价值的
Wolken	云
Zoogdieren	哺乳动物

Restaurant #2
餐厅 #2

Cake	蛋糕
Diner	晚餐
Drank	饮料
Eieren	蛋
Fruit	水果
Groente	蔬菜
Heerlijk	美味
Ijs	冰
Lepel	勺子
Lunch	午餐
Noedels	面条
Ober	服务员
Salade	沙拉
Soep	汤
Specerijen	香料
Stoel	椅子
Vis	鱼
Vork	叉子
Water	水
Zout	盐

Rijden
驾驶

Auto	汽车
Brandstof	燃料
Garage	车库
Gas	气体
Gevaar	危险
Kaart	地图
Licentie	执照
Motor	马达
Motorfiets	摩托车
Ongeluk	事故
Politie	警察
Remmen	刹车
Snelheid	速度
Straat	街
Tunnel	隧道
Veiligheid	安全
Verkeer	交通
Voetganger	行人
Vrachtauto	卡车
Weg	路

Schaken
象棋

Diagonaal	对角线
Kampioen	冠军
Koning	王
Koningin	女王
Offer	牺牲
Passief	被动
Punten	点
Reglement	规则
Slim	聪明
Spel	游戏
Speler	播放器
Strategie	战略
Tegenstander	对手
Tijd	时间
Uitdagingen	挑战
Wedstrijd	比赛
Wit	白色
Zwart	黑色

Schoonheid
美

Charme	魅力
Cosmetica	化妆品
Diensten	服务
Elegantie	优雅
Fotogeniek	上镜
Geur	香味
Glad	光滑
Huid	皮肤
Kleur	颜色
Krullen	卷发
Lippenstift	口红
Mascara	睫毛膏
Oliën	油
Producten	产品
Schaar	剪刀
Shampoo	洗发水
Spiegel	镜子
Stilist	造型师
Verzinnen	化妆

Specerijen
香料

Bitter	苦
Fenegriek	胡芦巴
Gember	姜
Kaneel	肉桂
Kardemom	豆蔻
Kerrie	咖喱
Knoflook	大蒜
Komijn	孜然
Koriander	香菜
Kruidnagel	丁香
Nootmuskaat	肉豆蔻
Paprika	辣椒粉
Peper	胡椒
Saffraan	藏红花
Smaak	味道
Ui	洋葱
Vanille	香草
Venkel	茴香
Zoet	甜蜜的
Zout	盐

Stad
小镇

Apotheek	药店
Bakkerij	面包店
Bank	银行
Bibliotheek	图书馆
Bioscoop	电影
Bloemist	花店
Boekhandel	书店
Dierentuin	动物园
Galerij	画廊
Hotel	酒店
Kliniek	诊所
Luchthaven	机场
Markt	市场
Museum	博物馆
School	学校
Stadion	体育场
Supermarkt	超级市场
Theater	剧院
Universiteit	大学
Winkel	商店

Technologie
技术

Bericht	信息
Bestand	文件
Blog	博客
Browser	浏览器
Bytes	字节
Camera	照相机
Computer	电脑
Cursor	光标
Digitaal	数字
Gegevens	数据
Internet	互联网
Lettertype	字体
Onderzoek	研究
Scherm	屏幕
Software	软件
Statistiek	统计数据
Veiligheid	安全
Virtueel	虚拟
Virus	病毒

Tijd
時間

Dag	日
Decennium	十年
Eeuw	世纪
Gisteren	昨天
Jaar	年
Jaarlijks	每年
Kalender	日历
Klok	时钟
Maand	月
Middag	中午
Minuut	分钟
Na	后
Nacht	晚上
Nu	现在
Ochtend	早晨
Toekomst	未来
Uur	小时
Vandaag	今天
Vroeg	早
Week	周

Tuin
花园

Bloem	花
Bodem	土壤
Boom	树
Boomgaard	果园
Garage	车库
Gazon	草坪
Gras	草
Hangmat	吊床
Hark	耙
Hek	栅栏
Onkruid	杂草
Rotsen	岩石
Schop	铲
Slang	软管
Struik	灌木
Terras	平台
Trampoline	蹦床
Tuin	花园
Veranda	门廊
Vijver	池塘

Tuinieren
园艺

Blad	叶
Bloemen	花的
Bloesem	开花
Bodem	土壤
Boeket	花束
Boomgaard	果园
Botanisch	植物
Compost	堆肥
Container	容器
Eetbaar	食用
Exotisch	异国情调
Gebladerte	树叶
Klimaat	气候
Seizoensgebonden	季节性
Slang	软管
Soort	物种
Vocht	水分
Vuil	污垢
Water	水
Zaden	种子

Universum
宇宙

Asteroïde	小行星
Astronomie	天文学
Astronoom	天文学家
Atmosfeer	大气层
Baan	轨道
Breedtegraad	纬度
Dierenriem	黄道带
Duisternis	黑暗
Evenaar	赤道
Halfrond	半球
Hemel	天空
Horizon	地平线
Kantelen	倾斜
Kosmisch	宇宙
Lengtegraad	经度
Maan	月亮
Sterrenstelsel	星系
Telescoop	望远镜
Zichtbaar	可见
Zonnewende	冬至

Vakantie #2
假期 #2

Bestemming	目的地
Buitenlander	外国人
Buitenlands	外国
Eiland	岛
Hotel	酒店
Kaart	地图
Kamperen	露营
Luchthaven	机场
Paspoort	护照
Reis	旅程
Restaurant	餐厅
Strand	海滩
Taxi	出租车
Tent	帐篷
Trein	火车
Vakantie	假期
Vervoer	运输
Visum	签证
Vrije Tijd	暇
Zee	海

Vliegtuigen
飞机

Afdaling	下降
Atmosfeer	大气层
Avontuur	冒险
Ballon	气球
Bemanning	船员
Brandstof	燃料
Geschiedenis	历史
Hemel	天空
Hoogte	高度
Lanceren	发射
Landen	降落
Lucht	空气
Motor	引擎
Navigeren	导航
Ontwerp	设计
Passagier	乘客
Piloot	飞行员
Richting	方向
Turbulentie	湍流
Waterstof	氢

Voeding
营养

Bitter	苦
Calorieën	卡路里
Dieet	饮食
Eetbaar	食用
Eetlust	食欲
Eiwitten	蛋白质
Evenwichtig	平衡的
Fermentatie	发酵
Gewicht	重量
Gezondheid	健康
Koolhydraten	碳水化合物
Kwaliteit	质量
Saus	酱
Smaak	味道
Specerijen	香料
Spijsvertering	消化
Toxine	毒素
Vitamine	维生素
Vloeistoffen	液体
Voedingsstof	养分

Voertuigen
车辆

Ambulance	救护车
Auto	汽车
Banden	轮胎
Boot	船
Bus	总线
Caravan	大篷车
Fiets	自行车
Helikopter	直升机
Metro	地铁
Motor	马达
Onderzeeër	潜艇
Raket	火箭
Scooter	滑板车
Taxi	出租车
Tractor	拖拉机
Trein	火车
Veerboot	渡轮
Vliegtuig	飞机
Vlot	筏
Vrachtauto	卡车

Vogels
鸟类

Duif	鸽子
Eend	鸭
Ei	蛋
Flamingo	火烈鸟
Gans	鹅
Kip	鸡
Koekoek	杜鹃
Kraai	乌鸦
Meeuw	鸥
Mus	麻雀
Ooievaar	鹳
Papegaai	鹦鹉
Pauw	孔雀
Pelikaan	鹈鹕
Pinguïn	企鹅
Reiger	苍鹭
Struisvogel	鸵鸟
Toekan	巨嘴鸟
Uil	猫头鹰
Zwaan	天鹅

Wandelen
徒步

Berg	山
Dieren	动物
Gevaren	危害
Kaart	地图
Kamperen	露营
Klif	悬崖
Klimaat	气候
Laarzen	靴子
Moe	累
Muggen	蚊子
Natuur	大自然
Oriëntatie	方向
Parken	公园
Stenen	石头
Top	峰会
Voorbereiding	准备
Water	水
Wild	荒野
Zon	太阳
Zwaar	重

Water
水

Douche	淋浴
Geiser	间歇泉
Golven	波浪
Ijs	冰
Irrigatie	灌溉
Kanaal	运河
Meer	湖
Moesson	季风
Oceaan	海洋
Orkaan	飓风
Overstroming	洪水
Regen	雨
Rivier	河
Sneeuw	雪
Stoom	蒸汽
Verdamping	蒸发
Vocht	水分
Vochtig	潮湿
Vochtigheid	湿度
Vorst	霜

Weersomstandigheden
天气

Atmosfeer	大气
Bliksem	闪电
Donder	雷声
Droogte	干旱
Hemel	天空
Ijs	冰
Klimaat	气候
Mist	雾
Moesson	季风
Orkaan	飓风
Overstroming	洪水
Polair	极地
Regenboog	彩虹
Storm	风暴
Temperatuur	温度
Tornado	龙卷风
Tropisch	热带
Vochtig	湿
Wind	风
Wolk	云

Wetenschap
科学

Atoom	原子
Chemisch	化学的
Deeltjes	粒子
Evolutie	进化
Experiment	实验
Feit	事实
Fossiel	化石
Gegevens	数据
Hypothese	假设
Klimaat	气候
Laboratorium	实验室
Methode	方法
Mineralen	矿物
Moleculen	分子
Natuur	大自然
Natuurkunde	物理
Observatie	观察
Organisme	生物
Wetenschapper	科学家
Zwaartekracht	重力

Wetenschappelijke Discip
科学学科

Anatomie	解剖学
Archeologie	考古学
Astronomie	天文学
Biochemie	生物化学
Biologie	生物学
Chemie	化学
Ecologie	生态学
Fysiologie	生理学
Geologie	地质学
Immunologie	免疫学
Mechanica	力学
Meteorologie	气象学
Mineralogie	矿物学
Neurologie	神经学
Plantkunde	植物学
Psychologie	心理学
Robotica	机器人
Sociologie	社会学
Thermodynamica	热力学
Voeding	营养

Wiskunde
数学

Decimaal	十进制
Diameter	直径
Driehoek	三角形
Exponent	指数
Fractie	分数
Geometrie	几何学
Hoeken	角度
Loodrecht	垂直
Omtrek	周长
Parallel	平行
Parallellogram	平行四边形
Rechthoek	矩形
Rekenkundig	算术
Som	和
Straal	半径
Symmetrie	对称
Veelhoek	多边形
Vergelijking	方程
Vierkant	广场
Volume	卷

Zakelijk
商业

Bedrijf	公司
Begroting	预算
Belastingen	税
Carrière	职业生涯
Economie	经济学
Fabriek	工厂
Financiën	金融
Geld	钱
Inkomen	收入
Investering	投资
Kantoor	办公室
Korting	折扣
Kosten	成本
Transactie	交易
Valuta	货币
Verkoop	销售
Werkgever	雇主
Werknemer	员工
Winkel	商店
Winst	利润

Ziekte
疾病

Acuut	急性
Ademhaling	呼吸的
Allergieën	过敏
Bacterieel	细菌
Besmettelijk	传染性
Botten	骨头
Buik	腹部
Chronisch	慢性
Genetisch	遗传
Gezondheid	健康
Hart	心
Immuniteit	免疫
Lichaam	身体
Neuropathie	神经病
Ontsteking	炎症
Sinus	窦
Syndroom	症状
Therapie	治疗
Ziekteverwekkers	病原体
Zwak	弱

Zoogdieren
哺乳动物

Aap	猴子
Bever	海狸
Coyote	郊狼
Dolfijn	海豚
Ezel	驴
Geit	山羊
Giraf	长颈鹿
Gorilla	大猩猩
Hond	狗
Kameel	骆驼
Kangoeroe	袋鼠
Kat	猫
Konijn	兔子
Leeuw	狮子
Olifant	大象
Paard	马
Stier	公牛
Vos	狐狸
Walvis	鲸
Wolf	狼

Gefeliciteerd

Je hebt het gehaald!

We hopen dat u net zoveel plezier beleeft aan dit boek als wij aan het maken ervan. We doen ons best om spellen van hoge kwaliteit te maken.
Deze puzzels zijn op een slimme manier ontworpen zodat je actief kunt leren terwijl je plezier hebt!

Vond je ze mooi?

Een Eenvoudig Verzoek

Onze boeken bestaan dankzij de recensies die zij publiceren.
Kunt u ons helpen door nu een mening achter te laten ?

Hier is een korte link die u naar uw
bestellingen beoordelingspagina.

BestBooksActivity.com/Recensie50

FINAAL UITDAGING!

Uitdaging nr. 1

Klaar voor uw bonusspel? We gebruiken ze de hele tijd, maar ze zijn niet zo gemakkelijk te vinden. Hier zijn **Synoniemen!**

Noteer 5 woorden die je ontdekt hebt in elk van de onderstaande puzzels (nr. 21, nr. 36, nr. 76) en probeer voor elk woord 2 synoniemen te vinden.

Notitie 5 Woorden uit *Puzzle 21*

Woorden	Synoniem 1	Synoniem 2

Notitie 5 Woorden uit *Puzzle 36*

Woorden	Synoniem 1	Synoniem 2

Notitie 5 Woorden uit *Puzzle 76*

Woorden	Synoniem 1	Synoniem 2

Uitdaging nr. 2

Nu je opgewarmd bent, noteer 5 woorden die je ontdekt hebt in elke hieronder genoteerde puzzel (nr. 9, nr. 17, nr. 25) en probeer voor elk woord 2 antoniemen te vinden. Hoeveel regels kan je doen in 20 minuten?

Notitie 5 Woorden uit **Puzzle 9**

Woorden	Antoniem 1	Antoniem 2

Notitie 5 Woorden uit **Puzzle 17**

Woorden	Antoniem 1	Antoniem 2

Notitie 5 Woorden uit **Puzzle 25**

Woorden	Antoniem 1	Antoniem 2

Uitdaging nr. 3

Prachtig, deze finaal uitdaging   is makkelijk voor jou!

Klaar voor de laatste? Kies je 10 favoriete woorden die je in een van de puzzels hebt ontdekt en noteer ze hieronder.

1.	6.
2.	7.
3.	8.
4.	9.
5.	10.

De uitdaging is nu om met deze woorden en binnen een maximum van zes zinnen een tekst te schrijven over een persoon, dier of plaats waar je van houdt!

Tip: U kunt de laatste blanco pagina van dit boek als kladblaadje gebruiken!

Je schrijven:

NOTITIEBOEKJE:

TOT SNEL!

Linguas Classics

GENIET VAN GRATIS SPELLEN

GO

↓

BESTACTIVITYBOOKS.COM/FREEGAMES